よく働き、よくサボる。

一流のサボリストの仕事術

テレビ朝日logirl 編

はじめに

本書はWEBサイト「logirl」で連載中の企画「サボリスト〜あの人のサボり方〜」をもとに、13人のクリエイターのインタビューをまとめたものです。

この企画では、クリエイターの方々の仕事の裏にある思考や背景とともに、仕事のサボり方、息抜きの方法について触れてきました。そこで気づいたのは、仕事とサボりについて考えることで、働き方も見えてくる。サボり・息抜きは一体であるということです。ともに生活の一部であり、どちらかひとつでは成り立たないものなのだと思います。

その境目は人それぞれで、クリエイターの中には息抜きが仕事につながっているような方もいます。しかし、本書に登場する方々は、そのことに自覚的で、自分に合ったサボり方を客観的に捉えられている。同時に、誰もが仕事に対して真剣に向き合っている。その点は、個人的にも働く上での大きな刺激になりました。

また、仕事とサボりを自由に行き交うクリエイターに共通する特徴として、生活の中からヒントを見つけ出す力があるという気がしています。一見仕事に関係なさそうなことからヒントを見つけ、仕事につなげている。これはどんな職業にも役立てられるクリエイティブなスキルなのではないでしょうか。

本書を通して、クリエイターの方々の言葉から浮かび上がる上手な働き方やサボり方、自分に合ったスタイルなどを見つけてもらえることを願っています。

「logirl」プロデューサー
鈴木さちひろ（テレビ朝日）

よく働き、よくサボる。

一流のサボリストの仕事術

「好きなことでムリなく働くために努力する」

［テレビプロデューサー］
佐久間宣行

佐久間宣行　さくま・のぶゆき
テレビプロデューサー／ラジオパーソナリティ。『ゴッドタン』『あちこちオードリー』（ともにテレビ東京）などを手がける。元テレビ東京社員。2019年4月からニッポン放送のラジオ番組『佐久間宣行のオールナイトニッポン0（ZERO）』のパーソナリティを担当。YouTubeチャンネル『佐久間宣行のNOBROCK TV』も人気。近著に『脱サラパーソナリティ、テレビを飛び出す』（扶桑社）がある。

SF小説、ドラマ……ルーツを掘り下げ、過去から学んだ

――エンタメ好きになったきっかけは、どんな作品との出会いなんでしょうか?

やっぱり、中学のころにSFを好きになったのが大きいですね。SFって、ストーリー以前に作品の世界観や仕組みから作っていくんですよ。構造の部分で大きなウソはつくけど、それ以外のディテールはリアリティで埋めていく。そういった世界の仕組みごと作るような作品を好きになったことで、自分がものを作る上でもルールが美しいものや、どこかに新しさがあるものを目指すようになった。SFからの影響は大きいですね。

衝撃的だったのは、中学1年くらいのときに読んだ士郎正宗さんのマンガ『ブラックマジック』。その世界観にびっくりしたのと、まわりの同級生は読んでいなくて、僕だけが出会ったという意味でも特別な作品です。そこから、『機動警察パトレイバー』という作品に出会って日常とSFの融合した世界に触れて、それもまた素晴らしいなと感じ、SFが好きになっていきました。

――そこからSF小説なんかも読むようになったんですか?

中高生のお小遣いだと、なかなかハード系のSFには手が出せなくて、ファンタジー小説をよく読んでたかな。当時大ヒットしていた『ロードス島戦記』とか、『アルスラーン戦記』とか。大学受験が終わったあたりから、アイザック・アシモフ作品のような、よりハードなSFを好きになっていった感じですね。

僕が青春時代を過ごした1990年代前半は、音楽でもルーツをさかのぼることが盛んに行われていて、僕は小説やドラマのシナリオなどで過去の作品に触れ、ルーツをさかのぼっていました。古典といわれるSF作品を読むと、「(現在の作品につながる世界観、設定などが) ここに全部あったんだ」といった発見がたくさんあるんですよ。

ドラマでは、『北の国から』(フジテレビ) のスペシャルドラマのインパクトが大きくて。脚本の倉本聰さんのシナリオ集が図書館にあったので、シナリオから過去の作品に触れるようになったんです。あとは、山田太一さんのシナリオ集なんかも読んでましたね。当時はまだ昔のドラマがレンタルビデオ店にもなかったので、シナリオから入るしかなかったんですよ。でも、ドラマのシナリオを読むという経験は、今の仕事にも役立っているような気がします。

——お笑い系のカルチャーも当然好きだったんですよね?

もちろん。僕が中高生のころはダウンタウンさんの勃興期で、みんなヤラれてましたから。

でも、個人的に大きかったのは、雑誌カルチャーと深夜ラジオですね。特に深夜ラジオは、中学1年でオールナイトニッポン（ニッポン放送）の2部に出会って、毎日聴くようになって。そうすると日曜だけ放送がないから、チューニングをして放送している番組を探していたら、大阪の『誠のサイキック青年団』（ABCラジオ）を見つけたんですよ。海沿いの街だからか、福島県のいわき市でも聴けたんです。

北野誠さんがパーソナリティのすごくカルトなラジオで、番組を通じて大阪のお笑いに詳しくなっていきました。あとは、大槻ケンヂさんや水道橋博士さんといった方々が出ていて、サブカルチャーにも触れられた。深夜ラジオが、地方で暮らすカルチャー不足の僕を救ってくれたんです。

ラジオリスナーからパーソナリティへ

——今やラジオパーソナリティとして『佐久間宣行のオールナイトニッポン0（ZERO）』（ニッポン放送）を担当しているわけですが、ラジオ界の変化などは感じますか？

僕もそうですけど、「radiko」（ネットを通じてラジオが聴けるサービス）の登場によって、幅広い人が聴いてくれるようになったのは大きいでしょうね。昔ながらのラジオリスナーと、新たなリスナーが混ざり合っていて、おもしろい時代だなと思います。深夜ラジオも働いている人が聴けるようになったので、学生だけのものじゃなくなったというか。

作り方については、ほかの番組のことはわかりませんが、僕の番組の場合、イベントを起点にするなど、マネタイズを意識しながら年間のスケジュールを立てています。イベントなどを通じてリスナーとのコミュニケーションを大事にしているのは、昔と違うところかもしれません。昔は若い人の数が多かったし、日本が全体的に元気だったから、ラジオ番組もパーソナリティやスタッフが自分たちで盛り上がっている雰囲気がもう少し強かった気がします。

——2022年には番組イベント『オールナイトニッポン55周年記念 佐久間宣行のオールナイトニッポン0 presents ドリームエンターテインメントライブ in 横浜アリーナ』が開催されましたが、佐久間さんが関わるラジオイベントも、どんどん規模が大きくなっていますよね。

あのイベントはゲストのアーティストや芸人の皆さんが素晴らしかったので、自分の力がどうこうとは思えないんですよね。でも、ラジオを始めて4年半で横浜アリーナのステージに立てたことには不思議な感慨がありましたし、「ラジオにしかできないことってあるんだな」という感動もありました。それも、ナインティナイン、オードリーといった、長くオールナイトニッポンを支えてきた人たちが作ったベースがあってのことなんですけど。その意味では、「今、オールナイトニッポンは、このくらいの力を持ってるんだ」という、単純にオールナイトニッポンのファンとして感動した部分もあったと思います。

現場でカンペを出し続ける理由

――佐久間さんはプロデューサーといった立場になっても、現場でカンペを出しているイメージがありますが、現場ではどのように収録を見守っているのでしょうか。

カンペは演出意図どおりに進んでいるときは出さなくて、「(MCが)ここに気づいてないな」「この情報を足したほうが現場的にはおもしろくなるな」といったときに出す感じですね。番組によっても出し方は違います。『あちこちオードリー』(テレビ東京)では、収録開始20分くらいは基本的にカンペを出さないで、トークの流れで「こっちの話題も聞いてみたほうがおもしろいんじゃない?」っていうときに、MCのオードリー・若林(正恭)くんにチラッと出すくらい。

逆に『ゴッドタン』(テレビ東京)ではすごくカンペを出しますね。現場のノリを大事にしているんですけど、「ここだけは踏まえないと次に行けないな」というときに出すとか。あとは、ゲストの芸人さんへの道しるべとしてセリフを出すこともあるし、ゲストのイジりどころを出すこともあるし、企画によっても全然違います。

――「このくらいは遊べる」「ここは流れを戻したほうがいい」といった現場のノリと企画成立のバランスは、やはり長年の経験から感覚的に染みついているものなのでしょうか。

そうですね。ほとんどのディレクターがやっていることだと思いますが、「あと3笑いくらいあったら、30分ぶんは作れるな」みたいに、なんとなく頭の中で編集しながら収録を見ているんです。その上で、『ゴッドタン』の場合は最終的にどこに着地してもいいので、「台本の3分の1くらいしか進んでないけど、30分ぶんの笑いがあるから、2週にするつもりでこのまま撮るか、ここで打ち切っちゃうか、どっちにしようかな?」といったことを、インカムでスタッフと話す感じです。

――その場で企画の方向や落としどころを判断されているんですね。

企画や番組にもよりますけどね。特にやったことのない企画はどうなるかわからないから、企画成立の保険になるパートを計算しながら、あとは何を撮ればいいのか考えたりしています。あと、比較的に自分で企画を考えることが多いので、僕がその正解を知っていて判断がしやすいというのもあります。それが自分でカンペを出している理由のひとつですね。

番組作りに必要なのは、仮説の構築と少しのセンス

――番組の企画についてはMCとなるタレントありきで考えていると言われることも多いと思います。そうなった背景などはあるのでしょうか？

それはあくまでアプローチのひとつなんです。ほかと被らない番組を作ろうとしたときに、ジャンルから考えることもあるし、社会でまだ気づかれていないものから考えることもあるし、そのタレントがほかでやっていないことから考えることもある。

たとえば、『じゃないとオードリー』（テレビ東京）という番組は、『あちこちオードリー』のようにオードリーがゲストとコミュニケーションするのではなく、オードリー自身を深掘りしたいと思って企画しました。若林くんが（人として、芸人として）変わっていく様子をエンタメにした番組は過去にあったけど、オードリーというコンビがもっと変わっていくところを見たい、エンタメにしたいという気持ちがベースにあって。だから、オードリーがやるからおもしろい番組にしたい、ほかの人がやってもおもしろくない番組でいい、という方針で企画を

固めていきました。

だから、「人ありき」ではあるんですけど、ほかと被らない番組を作ろうとした結果にすぎなくて。企画を考えるときはだいたいそうですね。自分を掘り下げるか、社会を掘り下げるか、パートナーとなるタレントや企業を掘り下げるか。そこから「このタレントのこういう面って取り上げられてないよな」といった仮説を立てていくんです。

――仮説を立てるまでが大変そうですね。

大変ですけど、日常的に疑問を持ったり、考えたりしているので、そこから仮説が生まれる感じなんですよね。たとえば、「NFT（偽造・改ざんできない、所有が証明できるデジタルデータ）がブームになるって言われてるけど、いつもの怪しい人たちが持ち上げているだけなのか、文化になっていくのか、どっちなんだろう？」とか。

タレントに対しても同じです。フワちゃんがテレビに登場したときは一過性のタレントだと思われてましたけど、仕事をしてみたらそうは感じなかった。きっとそうやって人を油断させながら、しっかりした仕事をしていくんだろうなって。だから、フワちゃんに番組に出てもらうときは、単なる賑やかしじゃなくて、芯を食ったことを言ってもらうようにしています。

――ご自身の見方・価値観と、世の中の価値観とのバランスについては意識しますか？

世の中で流行っているものをそのまま扱うことはまずないですね。それは別に僕がやらなくてもいいというか、マーケティングで企画を作れる人が、どんどんアプローチするだろうから。流行っているものの中に、僕が好きになれたり、おもしろがれたりする要素が見つかれば企画にしますけど。

それは、僕がテレビ東京出身だからかもしれません。フジテレビとか電通出身の人なら、人気者のイメージをうまく利用してコンテンツが作れると思うんですけど、かつては、いろんな局の番組を2〜3周してからしか、人気者はテレ東に出なかった。だから、人気者の人気者たる要素から企画を考えるクセがついてないような気がします。

――**自分の価値観をもとに企画を考えると、自分がおもしろいと思うものと、世間がおもしろいと思ってくれるものとでギャップが生じたりしませんか？**

自分のセンスや価値観だけじゃ番組作りを続けられないだろうから、仮説をもとに仕組みから作ってるんですよね。それでたまたま続けていられるだけで。最終的に自分のセンスを信用しなきゃいけないんですけど、最初から自分のセンスを信用してるわけではないというか。

――**ちなみに、最近では佐久間さん自身がメディアに出演するケースも多くなっていますが、タレントとしてご自身をどう捉えているのでしょうか。**

表に出ることは、自分では全然考えてませんね。番組の役に立てそうなら出る、くらいの感じです。あくまで番組作りを大事にしていこうと思っているので。エンタメの知識と、芸事とエンタメの分析がある程度できるトーク、演者との関係性、その3要素があって、ある程度のキャリアがある人がそんなにいないから、たまたまちょっと露出が増えてるだけなんじゃないかと。今の状況がずっと続くかというと、微妙なところかなと思います。

ラジオは別ですけどね。パーソナリティを数年やってみて、やっぱりラジオが好きだなと思って。仮にオールナイトニッポン0が続けられなくなっても、どこかでラジオ番組を持って、しゃべり続けたい、リスナーと触れ合える場にいたい。だから、ラジオを続けるために努力する時間はとっておきたいし、もっと自分の価値観を込めてうまくしゃべれるようになりたい。ラジオパーソナリティであることに対しては、しっかりとした気持ちがあるんです。

エンタメはサボりのはずが、借金に……

――佐久間さんは「仕事サボっちゃったな」と思うようなことはありますか？

ありますあります。「結局寝ちゃったな」みたいなこともあるし。あとは、サボりとは違うかもしれませんけど、「ここでリフレッシュしないとちょっとしんどいな」と思って、計画的に仕事をしない時間を組み込むことは多いですね。

——**そういった時間にエンタメを摂取しているんですよね。**

そうなんですけど、最近は観たいものが多すぎて追いつかないから、常に借金を抱えているような状態なんです。だから、サボろうと思って予定を入れるというより、その借金を返すために空いている時間が埋まっていくというか。「やべー、もう劇場公開が終わっちゃう……」みたいな感じで、映画館に行く時間を作ったり。

——**もはやお仕事みたいですけど、やっぱりエンタメに触れる時間自体は別物なんでしょうか。**

そうですね。作品を観ることについては「勉強のためだ」とかまったく思わず、普通に楽しんでます。自分では、たまたまエンタメを作る側の立場にいるだけ、というイメージなんですよ。常に作品を作り続けなきゃいけない業を背負ったような人たちが、本物のクリエイターだと思うんです。でも僕の場合、一生ゲームをやったり、本やマンガを読んだりするだろうけど、クリエイターでいるのは人生の中で30年ぐらいだろうなって。

もちろん、エンタメに多く触れることは仕事にも活かされています。韓国ドラマや海外の映画を観たり、ミステリー小説を読んだりしていると、すぐには役立たなくても、4〜5年後に「あの作品で表現していた問題意識みたいなものが、今のテレビのここにつながるんだろうな」って、番組作りに影響することがあるんですよ。たとえば、エンタメ作品の暴力描写について「今はこのラインは踏まないんだな」と思って観ていた結果、数年後に番組を作っていて「ここは人を傷つけるかもしれないから、踏まないほうがいいラインだな」と判断するようになるとか。そうやって早めに意識を変えられるんですよね。

しゃべる自分も、しゃべらない自分にもムリはない

――エンタメ以外に、佐久間さんが純粋に好きなことはありますか？

人とごはんを食べることですね。本当に少人数で、仕事の話もしないような感じで。一緒に行くのは、大学時代の友人、会社で仲のよかった同僚、あとは後輩数人くらいですけど、おいしいお店でごはんを食べてるときが一番リフレッシュできているかもしれません。

――仲のいい人といるときの佐久間さんは、どんな感じなんでしょうか。

全然しゃべらないです。だいたい話を聞く側で。だから、みんな僕がラジオを始めたときに「こんなにしゃべるんだ!?」って驚いたと思います。誰かに言われたんですよね、「よく黙って

たね」って（笑）。そういう意味で僕のしゃべりに気づいたのは、秋元康さんですね。
秋元さんと『青春高校3年C組』（テレビ東京）という番組を一緒にやっていたとき、毎週定例会議があったんです。そこで秋元さんのひと言に対する僕の返しをおもしろがってくれたみたいで、秋元さんがオールナイトニッポンに僕を推薦してくださったんですよ。

——そうなんですね。打ち合わせのやりとりから、ラジオパーソナリティもできるだろうという発想につながるのがすごいと思います。

秋元さんも確信はなかったんでしょうけど、まず『AKB48のオールナイトニッポン』に中井りかさんのサポートとして「出てよ」って言われて。それがおもしろかったということだと思うんですけど。そこはさすが秋元さんだなと。

——ラジオでは自然にキャラクターが切り替えられたのでしょうか。

別にムリはしていなくて、キャラクターを作るというより「どの自分を出そうかな？」という感覚でしたね。そこでラジオ好きな自分を出していったっていう。その結果、最近は打ち合わせ中に「怒ってます？」って聞かれることが増えたんですけど……。ラジオと比べてテンションが低いからなんでしょうけど、「そりゃそうだろ」っていう（笑）。打ち合わせ中に、「いや、こないださ〜！」なんて高いテンションで話すヤツいませんよね？

でも、ラジオでの人格も自分の中にあるものなので、不自然な感じはないんです。年齢を重ねて、会社を辞めてフリーにもなって、自分にとって不自然なこと、メンタルにくるようなムリのある仕事はやめようと思って。できるだけ気が合う人と仕事をしていたい。そういう意味では、本当のプロフェッショナルではないかもしれません。イヤだったらやめようと思って働いてるから。

――**オンとオフがあって、オフの状態がサボりということではなく、オンの状態もムリのないようにしていく。それもある意味で息抜きというか、サボりの技術かもしれませんね。**

基本的に、自分が信用できないんですよ。逆境やストレスの溜まる場所でもがんばれる人間だとは思えないというか。自分をマネジメントするもうひとりの佐久間としては、「佐久間という人間はイヤなことから逃げ出すぞ」ってわかるんですよね。だから、自分で自分のダメな部分をマネジメントする。スケジュールなんかも、「いやこれ、佐久間ムリなんじゃない？」とか、「スケジュールは詰まってるけど、楽しい仕事だから大丈夫そうだね」とか、自分を客観的に見て考えていますね。

（2022年11月取材）

佐久間宣行にとっての
サボリとは……

自分にとって

ムリのない

環境を作ること

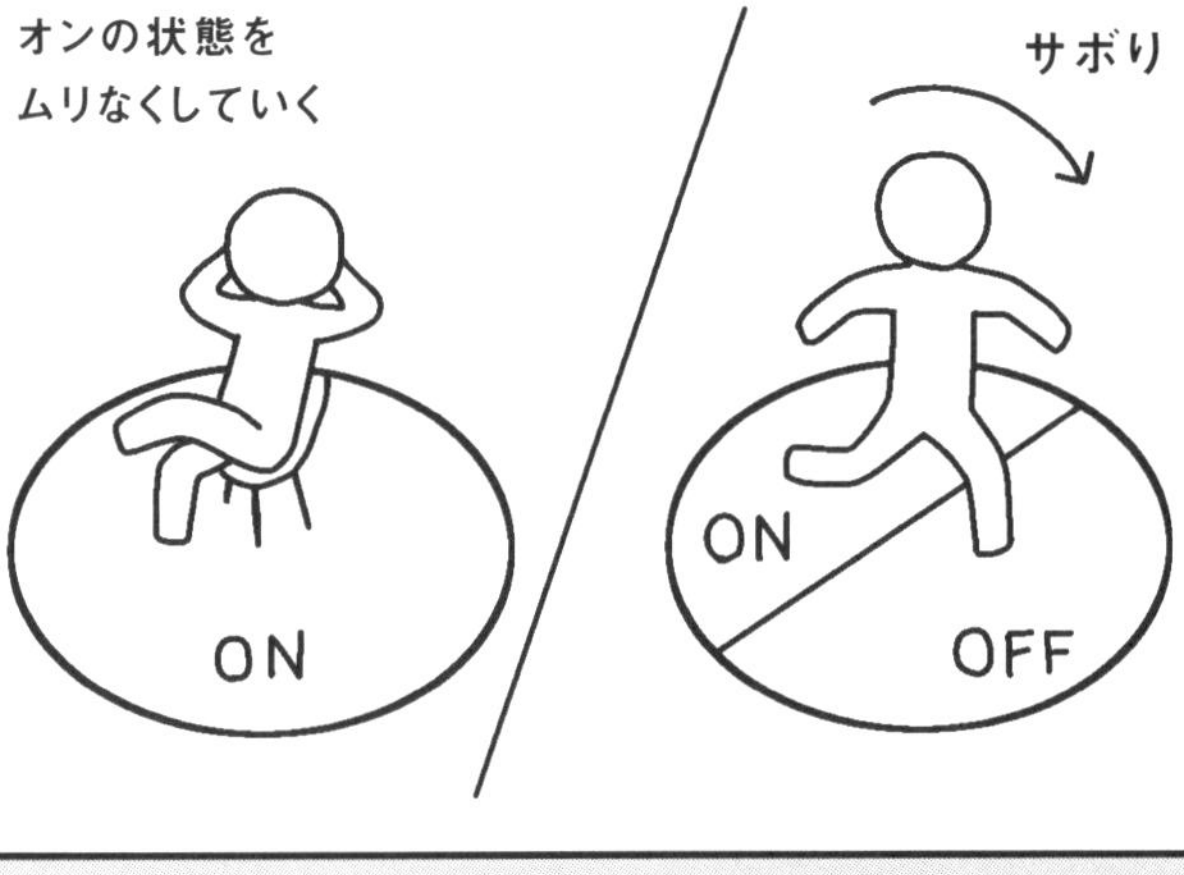

「仕事も生活リズムも、自分のスタイルを貫く」

［アニメーションディレクター］

木下 麦

木下 麦　きのした・ばく
アニメーションディレクター／イラストレーター。多摩美術大学在籍時からイラストレーター・アニメーターとして活動を開始。オリジナルテレビアニメーション『オッドタクシー』では、自身初となる監督・キャラクターデザインを担当した。P.I.C.S. management所属。

リアリティを追求した『オッドタクシー』

――テレビアニメ『オッドタクシー』が初めての監督作品となりますが、木下さんが企画から立ち上げられたそうですね。

大学時代からアニメを作っていて、いつかドラマ性のある長編アニメを作ってみたいという夢がありました。それで、動物のキャラクターで日常生活を描くアニメはどうだろうと、企画書を出してみたんです。ただ、最初の企画はちょっとパンチに欠けるところがあったので、平賀（大介）プロデューサーからアイデアをもらいながら、もっとキャラクターとのギャップをつけて生々しいハードサスペンスに振り切ろうと企画を練っていきました。

企画を実現するにあたり、物語はおもしろい会話劇を作れる方にお願いしようと、マンガ『セトウツミ』などを描かれている此元和津也さんに脚本として参加してもらいました。そこから、ハードサスペンスにコメディの要素も入れつつ、縦軸のある、1話完結でないドラマを作っていきたいという話になって。3人で作品の世界を固めていくうちに、おもしろいものになりそうだな、という可能性を感じられるようになってきたんですよね。

――最初に企画した時点で、動物のキャラクターによる生々しいドラマというユニークな組み合わせはできていたんですね。

そうですね。『ワンピース』やディズニー作品といった、かわいい絵柄のマンガやアニメに触れてきたので、ポップなビジュアルが大好きなんです。同時に、北野武監督やクエンティン・タランティーノ監督が手がけるようなハードなクライムサスペンス系の映画もすごく好きで。そのふたつの要素を掛け合わせた感じはイメージしていたと思います。

作り始めると楽しくなって、当初はタクシー内のみで展開するワンシチュエーションの会話劇だったのが、どんどんスケールが大きくなっていきました。後半はタクシーにもあまり乗らなくなったりして（笑）。脚本もどんどんふくらんで、全12話だったところを13話にしてもらいました。それでも入りきらなくて、コメディ要素の会話を泣く泣くカットしたんです。カットした部分もすごくおもしろかったので残念でした。

それでもコンセプトとして、音声だけ聞くと実写ドラマかと思うような、生々しいリアリティを全体に保つという意識は一貫していましたね。声優さんにはアニメっぽくないナチュラルな演技をお願いしましたし、アニメチームにもギャグに合わせて背景が変わるようなアニメっぽい演出はやらないでほしい、誇張した演技ではなく日常動作っぽい動きにしてほしいと伝えていました。カメラワークも実写ドラマっぽい感じを意識していて。

作品世界に意外性や広がりを生んだキャスト・音楽

――キャストや音楽などにも個性を感じましたが、どのような経緯で決められたのでしょうか。

ほかの作品にはないパンチのあるものにしようとは思っていましたね。主人公の小戸川には「幼い心を持った大人」という設定があったんですけど、終盤までその意図はわからないようになっていたので、あえておじさんのイメージのない花江夏樹さんにオファーしてみたり。くたびれたおじさんみたいにはしたくなかったので、ちょっとツッコミが鋭くて、心の底に活力があるような感じで演じてもらいました。

音楽も個性的でかっこいいものにしたかったので、HIPHOPレーベルのSUMMITさんにお願いしています。変わった絵柄のアニメなので、SUMMITさんのユニークでポップな楽曲と合うんじゃないかと思ったんです。

――劇中にもラップでしゃべるヤノというキャラクターがいましたよね。

此元さんからドブというキャラクターと敵対するギャングをひとり作ってくれと言われて、

ヤマアラシをモチーフに描いたのがヤノなんです。此元さんがそれを見たら、なぜかラップをするキャラクターが浮かんだらしくて。脚本でもめちゃくちゃおもしろかったし、ふたりで生み出したキャラクターみたいで、うれしかったですね。

――ダイアンやミキなど、キャスティングされたお笑い芸人の方々も抑えたトーンで演技していたのが印象的でした。

芸人さんにも、アニメだと意識しすぎないでほしいとお願いしました。また、今回はプレスコという手法（先に声を収録し、あとから映像を合わせる手法）をとったこともあり、アフレコ慣れしていない芸人さんでも、そのしゃべりの間を活かしたアニメにできたと思います。

『オッドタクシー』は、寡黙なタクシー運転手・小戸川を中心に、個性的なキャラクターたちの人間模様が錯綜する、ミステリー仕立ての群像劇（© P.I.C.S.／小戸川交通パートナーズ）

人が常識を踏み外す瞬間を描きたい

――『オッドタクシー』は最終回の意外な展開、含みのある終わり方が話題になりましたが、こちらも最初から計画されていたんですか？

いいえ、プロットを固めすぎず、脚本は1話から順に書いていきたいという此元さんの希望があり、僕らも前半は結末を知らずに作っていたんですよ。「これ、後半どうなるんだ？」と思いながら、前半の絵コンテを描いていました（笑）。なので、ストーリーの展開は此元さんの作家性による部分が大きいですね。

――では、個性的なキャラクターたちはどのように作られたのでしょうか。

キャラクターは先にデザインと設定があって、そこに此元さんが個性や役割を与え、現代社会的な要素も取り込んでいったのですが、脚本にない仕草や動きは僕のほうでつけたので、それぞれのスキルが合わさって、リアルな人格が強まっていったような気がします。

――ほかに演出面で木下さんの個性や作家性が出ている部分はありますか？

作品自体は僕だけの個性によるものではありませんが、強いて言うなら、脚本にないシーンですかね。たとえば、ゲームにハマり依存していく田中というキャラクターがいるのですが、様子がおかしくなった田中が会社の同僚に突然「うるせえな！」と怒鳴るシーンは、脚本にはなかったんです。人が常識から踏み外してしまう瞬間の描写として、いい演出ができたなと気に入っています。

あと、承認欲求を抱えた大学生の樺沢というキャラクターが配信する、迷惑系YouTuberっぽい動画の描写もヤバさをより盛り上げて、自分の好きなように演出させてもらった気がします。狂気じみたキャタクターを演出したり、描いたりしているときが一番楽しいんですよね。自分にはできないことをやらせているからだと思うんですけど。

キャラクターに演技をつけるときは、対象をどんどん好きになって妄想をふくらませて、ある種、憑依するようなイメージでそのキャラクターになりきっているんです。キャラクターのバックグラウンドを考えたり、表情を描き分けたりするのは、昔から好きでしたね。

創作のベースにあるのは〝ドラマ性〟

――初めてテレビアニメを制作する上で苦労した点、喜びを感じた点はありますか？

やはりテレビアニメは多くの人が関わるので、自分の考えをキャストやスタッフの方にちゃんと伝えることの難しさは感じました。それに、さまざまな分野の一流の人たちを巻き込んでいるというプレッシャーもありましたね。オリジナルアニメなので、何もかも未知数のまま制作を進めることに不安を感じていたのは、僕だけではなかったと思いますけど。

一方で、集団でものを作るということが、喜びにもつながったと思います。プロフェッショナルが大勢集まり、その才能が掛け合わさると、ものすごく力強い作品ができるんですよよ。そんな作品が世の中に出て、いい評判を聞いたときは、作ってよかったなと思いましたね。たくさんの人がストーリーを考察してくれたり、海外からも反響があったりするとは想定していませんでした。

――その反響から得られたものなどもあったのでしょうか。

作っているときは、視聴者が作品を観てどんなところに好奇心を抱いて、どう興味の動線が向いていくのか、全然計算してなかったんですよ。「こういうところに反応してくれるんだ」「こういうところに興味を持って考察したりするんだ」というのは、作品を世に出してみないとわからなかった。できたら今後は、そういった視点も取り入れていけたらいいですね。

また、変わったサスペンスもののアニメにも意外と需要がある、おもしろがってもらえるということに気づけたので、今後もサスペンスやバイオレンスといったジャンルで新しい作品を作りたいと思っています。いずれは映画『アウトレイジ』みたいな血生臭いバイオレンスを、ギャップのある絵柄でアニメにしてみたいという野心があるんですよ。

性格が悪い人の顔をそのままリアルに描くと、あまりかわいげがないんですよね。デフォルメされたキャラクターなら、性格が悪くても憎めなくなるというか。人間のドロドロした部分を描きながら、愛嬌のあるビジュアルにすることで、作品の柔らかさにつながると思っていますし、そういうテイストが好きなんです。

——ほかに木下さんが創作において大事にしている要素などはありますか？

僕はどんな作品でもドラマ性を大事にしています。ドラマ性が骨組みで、音楽や映像は肉づけだと思っているんです。ストーリーものなら、主人公の成長や変化を描くという大原則が表現されていて、ドラマがあってワクワクできるかどうかが重要で。

『オッドタクシー』は、それぞれのキャラクターにドラマがあって、人格がはっきり表現できていたから、共感してもらえたんだと思うんです。それに、1枚のイラストを描くにあたっても、ドラマ性は意識しています。イラストの中に奥行きや設定が感じられる、情報の詰まったものを目指していますね。

行き詰まったら、追い込まない

——ところで、木下さんは忙しかったり、仕事に行き詰まったりしたとき、どのように息抜きをしていますか？

頭が忙しくなるというか、テンパってきたときは、一度デジタルから離れて頭を落ち着かせるようにしています。銭湯に行ってサウナやお風呂に入ることが多いのですが、最近は在宅ワークが続いていたこともあり、散歩をよくするようになりました。

散歩中は、本当に何も考えず歩くんです。ひたすら下を向いて（笑）、音楽も何も聴かず、無の状態で10キロくらい。気がついたら思わぬ場所に着いていて、「東京って意外とちっちゃいんだな」って思ったりします。歩いていると、ほかの移動手段とは違う感覚が刺激されるのでおもしろいんですよね。

――そういった息抜きが状況を好転させることなどはあるのでしょうか。

アイデアなどで行き詰まって、「これ以上は無駄」と思ったら、僕はさっさと寝るようにしているんですけど、次の日になったらサクッといいアイデアが出たりすることはよくあります。あまり自分を追い込むようなタイプではないんですよね。けっこう朝方で、規則正しい生活を送っていますし。

映像業界にはいろんなタイプがいて、真夜中までガンガン仕事して、2〜3時間しか寝ないような人も多いんですよ。でも、僕は寝ないとダメで。生活リズムがどんどん狂っていくじゃないですか。あれがちょっと苦手なんです。だから、ちゃんと夜は寝て、朝7時ぐらいには起きて、日中に全力で仕事するようにしています。自分に合ったスタイルを取ることは大事なんじゃないかなと思いますね。

――では、仕事から離れて純粋に心が安らぐ時間はありますか？

やっぱり、家でソファに座って映画を観ているときが一番楽しいかもしれない。といっても、観ているのは、人が破滅に向かっていったり、理不尽な暴力にさらされたりするような映画なんですけど。中でもコーエン兄弟の『ノーカントリー』と『ファーゴ』という作品が好きで。どちらも本質的には似たような話で、一般の男の人がちょっとした出来心で悪さに手を出したら、どんどん雪だるま式に悪事を働いていってしまい、破綻していくっていう。『ノーカントリー』にはシガーという感情のない殺人鬼が登場するんですけど、死神を具現化したような、理屈を超えた恐ろしい存在です。理不尽な暴力が世の中には存在しているということも、自分の中の興味、テーマとしてあります。みんなが見ないふりをしている現実を深掘りし、社会の負の部分と向き合うのも大切なんじゃないかって思うんですよ。それは自分の作品でも表現していきたい要素ですね。

（2021年7月取材）

木下 麦にとっての
サボりとは……

さっさと寝て
切り替えること

サボりが
メリハリを生む

「仕事の中で〝好き〟を見つける」

［SMAお笑い部門部長］

平井精一

平井精一　ひらい・せいいち
渡辺プロダクション（現：ワタナベエンターテインメント）を経て、1998年、ソニー・ミュージックアーティスツに入社。2004年、同社にお笑い部門を立ち上げる。SMA NEET Projectといったプロジェクトや専用劇場「Beach V（びーちぶ）」などを手がけ、お笑い賞レースで優勝したハリウッドザコシショウ、バイきんぐ、錦鯉、アキラ100%をはじめ、多くの芸人を輩出している。著書に『「芸人の墓場」と言われた事務所から「お笑い三冠王者」を生んだ弱者の戦略』（日本能率協会マネジメントセンター）がある。

「今しかない」とお笑いに参入

――どういった経緯でSMAにお笑い部門を立ち上げられたのでしょうか。

SMAは音楽系と俳優・文化人系のグループ会社が合併したばかりで、「好きなことをやれ」って社長から号令があったんです。そこにちょうど、『エンタの神様』（日本テレビ系）ブームが来て。ブームのときって、「俺でもできるかも」って勘違いした芸人が集まるんです（笑）。

それと、東京のお笑い事務所は当時少数精鋭のところばかりだったので、都内にフリー芸人があふれているのも気になっていました。それで、「これからはお笑いのマネージメントが絶対必要になる」「10年かけて、音楽番組の司会もやるダウンタウンのようなタレントを作りたい」みたいなことを企画書に書いたら、お笑い部門がスタートすることになったんです。

――いろんなタイミングが重なって、「お笑いをやってみよう」と。

そうですね、「今しかない」と。でも、こんなに芸人の出演番組が増える時代になるとは、正直思いませんでした。逆に今だったらやっていないんじゃないかな。やっぱり芸人が財産なので、芸人たちを集められたのが本当に大きかったと思います。

――とはいえ、あふれているフリーの芸人さんとなると、あまりテレビ向きじゃないというか、マニアックな芸風の方も多い印象です。そこは問題にならなかったのでしょうか。

車でたとえると、軽自動車ばかり売っていたり、スポーツカーばかり売っていたりすると、事務所としてあらゆるテレビ番組に対応できないなと思っていて。いろいろな芸人がオールマイティーにいたほうが、いろいろな番組に突っ込めるじゃないですか。特定のイメージより、「あの事務所だったらなんかおもしろい芸人がいるんじゃないか」っていうイメージを持たれたほうがいいなと。

――芸人さんが集まったところで、どう売り込んでいったんですか？

渡辺プロダクション時代の人脈が残っていたので、東京の各プロダクションのマネージャーさんのところに挨拶を兼ねてリサーチに行きました。どういう感じでマネージメントしていて、どんな番組に売り込んでいるのか。ライブも観せてもらいました。あとは（番組側に）頭を下げるだけです。音楽の宣伝をやっていたときにさんざん頭を下げてきたので、そこはもう慣れていましたから（笑）。

――現在は主にどんなお仕事をされているのでしょうか。

一応、お笑い部門全体を統括しているような状況なんですけど、それぞれの芸人については、基本的にそれぞれの担当者に任せています。渡辺プロダクション時代の上司がなんでも任せてくれて、「何か問題が起こったら俺のところに来い。ケツは拭いてやる」といった感じの方で、自分もそういうスタンスのほうが合っていると思ったんです。芸人を育てられるいいマネージャーを育成していけば、ある程度自分は好きに動けるんじゃないかなと。

ただし、まだ売れていない新人に関しては、私ともうひとりの担当者でほぼ全部見ています。担当を割り振ってしまうと、たとえばオーディションのときに自分が担当する芸人に話を振ってしまうようなことがあるんです。でも、オーディションによってピン芸人が合いそうなときもあれば、コント芸人が合いそうなときもある。適性を見極めて判断したほうが勝率は上がると思うので、ふたりで全体を見るようにしています。芸人がオーディションに受からないのは、見る目がないマネージャーの責任でもあると思うんです。

「好きなことがやりたいのか、成功したいのかどっちですか?」

――平井さんは個性的な芸人さんたちをどうサポートしてきたんですか?

僕は芸人にまず「好きなことがやりたいのか、成功したいのかどっちですか?」と聞くんです。好きなことをやりたいなら事務所に入る理由はないし、成功したいなら成功に歩み寄らないといけない。その上で、毎月やっている事務所ライブでは新ネタをやってもらいました。

ネタ番組に何度か出ると、土日の営業が入るようになるんです。でも、ネタ番組の傾向って時代によってどんどん変わっていくから、ずっと同じネタだと対応できない。だから、どんどん新ネタをやれと。

——時代やメディアの要望に合わせて、キャッチーなネタを作れるようになってほしいということですかね。

芸人によりますけど。お笑いの教科書はどの事務所にも養成所にもないんだから、時代を見てくれ、テレビを見てくれ、と常に言っていました。その上で最低限、タイトルのつけられるネタにしてくれ、とは言っていましたね。タイトルのつけられないネタは、本人でもわけがわからないような危ないネタだから。あとは、お客さんが共感できるネタじゃなきゃダメだと。

お笑いから離れていた私が偉そうに評価するのもおかしいし、ほかのスタッフが評価しても方向性を間違ってしまう可能性がある。売れそうなネタに歩み寄るには、お客さんに判断してもらうのが一番なんじゃないかと思うんです。だから、ライブもお客さんの投票でランクづけするシステムにしています。

——そうやって数をこなしていると、だんだんネタも変わってきますか？

やっぱり毎月新ネタを作っていると、どこかで方向性を変えざるを得ないというか、勝手に変えてきちゃうというか。それでウケるようになってくる芸人がいると、ほかの芸人も引き寄せられたりする。芸人同士の仲がいいせいか、みんなでサポートしたり、相談したりするんです。

他人の言うことなんて聞かないって芸人もいますけど、ランクの1軍に入れれば番組のオーディションに入れるようにしたことで、自ら考えて試行錯誤してくれるようになったところもあります。芸人こそクリエイター、表現者なので、こちらは本人がネタを変えていくためのシステムを作らなきゃいけないと思っていました。

必要なのは、「3分のネタ2本とトーク力」

——そんなSMAの初期を支えた芸人さんといえば、コウメ太夫さんですよね。

コウメ太夫は、お笑い部門立ち上げから半年ほどで『エンタの神様』に出たんです。ライブ前のネタ見せもきちんと白塗りで衣装を着てやる、まじめな男で。ただ、「チャンチャカチャンチャンチャン♪」のネタの原型ができてきたころ、ネタ見せの作家さんとうまくいかなくて、芸人を辞めると言い出したんです。
あの格好でまじめっていうのがおもしろいのに、辞めるのはイヤだなと思って。彼ぐらいです、芸人を辞めると言ったときに止めたのは。それで別の作家さんに見てもらうようになったら彼の柔軟さが活きてきて、裏声にすることや決めゼリフが決まっていったんです。『エンタの神様』に出られたのも、ひとえにあの柔軟さとまじめさによるものだと思います。

――テレビで活躍している方々も、試行錯誤を重ねてこられたのでしょうか。

バイきんぐは、「もういい加減にしてくれ」と思うくらい、クレイジーなネタをやっていました（笑）。それでも、舞台上で光るものがあったので、もっといろんなネタが作れるように、単独ライブをやれと言ったんです。小峠（英二）は「単独は有名な大きい劇場でやりたい」って嫌がっていましたけど、とにかくやらせてみたら、また好き勝手なネタをやっていて……。
今度は2組でやるライブにして、テーマに応じたネタを作るというコンセプトを決めたんです。お客さんの評価のもと、2組でネタ6本を対決させるようにしました。そこからバイきんぐのネタがガラッと変わりました。奇をてらってわけのわからないことをやるんじゃなくて、ちゃんと一般の人も共感できる要素を入れられるようになったというか。そこから何かをつかんだようにどんどんネタを量産していって、『キングオブコント』優勝にまでつながりました。

――今や誰もが小峠さんのバラエティスキルを認めていますよね。それもライブをやっていく中で磨かれたものなのでしょうか。

昔から小峠には「トーク力が大事だ」って口酸っぱく言っていたんです。「テレビはまずネタありきで、その後、バラエティの雛壇に並ぶようになってからはトーク。トークができないと絶対に残らないから」って。

――平井さんのそういった認識は、テレビを観たりしながら気づかれたものなんですか？

渡辺プロダクション時代に担当していたホンジャマカさんの教えかもしれないですね。恵（俊彰）さんがトーク、トークと言っていたので。逆にトークが苦手で、テレビからいなくなっていったタレントも山ほど見てきました。それで、芸人たちには「3分のネタ2本とトーク力があれば、絶対に芸能界を闊歩《かっぽ》できるから」って言うようになったんです。「ネタはとりあえず3分だけ楽しければいいんだ。トークだって先輩のおもしろい話をそのまま話したっていいから、とにかくメモを取れ！」と。

ライブでも1組終わるごとに1分のトークコーナーを設けていますが、そうすることで「ライブで話せるネタはないかな？」って、日常生活でもアンテナを張るようになるんですよ。やっぱり習慣化しないとサボるのが人間なので、「サラリーマンが1日6～8時間は仕事のことを考えているんだから、お前らもそれくらいお笑いのことを考えろ」ってよく言ってます。

きれい事でも、できるだけのことはしたい

――芸人さんが力をつけていく上で、劇場（Beach V）の存在も大きいですよね。

劇場には興行の場と育成の場とふたつあって、たとえば吉本興業の「ルミネtheよしもと」は興行の場だから、お客さんが入るかどうかも心配しなきゃいけない。だけど、ウチの劇場はお客さんが20人でもかたちになるので、単独ライブをやるにしても、いくらでもチャレンジできる。レンタル代や集客を気にせず、みんながライブをやれる場が欲しくて作った劇場なんです。

――平井さんは常に劇場にいらっしゃるんですよね？ 今の劇場や若手の芸人さんたちの雰囲気は、どんなものなのでしょうか。

ネタ見せと土日のライブはほぼ見るようにしているので、週4日は劇場にいます。新人の応募も多いんですけど、「では、3分のネタをお持ちください」と返信をしても、結局そのまま何も戻ってこないことも多いです。みんな軽い気持ちで、一から十まで育成してくれると思っているんですかね。

でも、やっぱり人が財産なので、パッと見て「おもしろくないな」とかって値踏みするんじゃなくて、事務所で成長させたいという気持ちがあります。勇気を持ってお笑い事務所の門を叩いてきた人を、たまたまマネージャーの仕事をしているだけの僕たちがジャッジしていいのかなって思うんです。きれい事ですけど、誰かがそのきれい事を推し進めないと、泣く人がいると思っているので（笑）。

――出会いやタイミング、その後の努力などによって、芸人さんが化けることもありますしね。

コウメ太夫もそうですけど、「このネタはないな……」と思っていたような芸人が突然化けることってあるんです。だから、ウチの事務所ではできるだけ芸人たちを受け入れたい。養成所をやらないのも、お金を取りたくないというのもありますが、舞台に立って、自分で判断して芸人の世界でやっていくのか決めたほうがいいと思っていて。まずはプロの舞台に乗せてあげて、そこで可能性を見極めたり、チャレンジしたりしたほうがいいんじゃないかと。

――結果的に、今は何人ぐらいの芸人さんが集まっているのでしょうか。

だいたい300人ぐらいです。売れた芸人のパーセンテージは、消費税より低くて（笑）。芸人としてやっていけるのか気づかせる場でもあるので、そこから社会に出る道を選ぶ人もいます。だから、社会に出ても対応できる人間に育てたくて、「トイレはきれいに使うように」

とか、社会人の常識みたいなことは日頃から厳しく言っています。

野村（克也）監督の言葉「野球人たる前に立派な社会人たれ」じゃないですけど、芸人たちには「芸人たる前に立派な社会人たれ」ということは言っています。そうすれば、芸人は何を聞かれてもすぐにレスポンスできるし、コミュニケーションはうまいんだから、会社に入ってもおもしろがられて出世できると思うんです。

――ちなみに、平井さん個人としては、どんなお笑いが好みなんですか？

（プロダクション）人力舎の芸人さんがやるような、きっちり作り込まれたコントが好きなんです。ハリウッドザコシショウとかはちょっとね、見てるとなんか疲れてきちゃって（笑）。

芸人たちに背中を見せるため、空手の道へ？

――平井さんにとっての「サボり」とはどんなことですか？

現場が重なったときに、好きな現場へ行くっていうのはサボりかもしれないです。楽しそうなほうに行っちゃう。昔からこんな調子で、仕事をしながら自分で楽しみを見つけているような感じなんです。お笑いの現場に関わるのも楽しいし、音楽のマネージメントをやっていたときも、それはそれで楽しんでいました。

――お仕事以外の趣味や息抜きなどはありますか？

今はコロナで行けていませんが、2011年から極真空手をやっています。それも芸人たちに発破をかけたくて始めたんです。高校球児が甲子園に出て負けたら、涙を流すじゃないですか。あれって限られたチャンスのために死ぬほど努力してきたからだと思うんです。だから芸人が記念受験みたいに「今年ダメだったら、また来年」っていう気持ちで賞レースに出ているのにすごくイライラして。「お前たちの人生なんだから、もっと気合いを入れろ！」と言いたくて、本気で空手をやりました。

――「俺の背中を見ろ」と。

本気になれば大会でも勝てるということを証明したくて、ムキになってやってました。やり始めて半年後には大会に出て、黄帯（5級）になったときには関東の大会で準優勝しました。ただ、芸人たちにも「見に来い！」って言ってビデオを撮らせてたんですけど、一度、回し蹴りで思いっきりノックアウトされたことがあって。そのときは「これを、俺の葬式で流してくれ」って言いました（笑）。

――やっぱり一番喜びを感じるのも、芸人さんが活躍するときなんでしょうか。

そうですね。バイきんぐの『キングオブコント』優勝や、ハリウッドザコシショウとアキラ100%の『R-1グランプリ』優勝もそうですし、芸人が賞レースに優勝したときが一番感動しますよ。やっぱりチャンピオンになったときの彼らの〝報われた感〟はもう最高です。こんな人生を味わえるとは思わなかったってくらい。

タレントを作るのはマネージャーで、銀行の内定が決まっていたのに芸能プロダクションを選んだのも、タレントを育てるのがおもしろいと思ったからなんです。結果、ストレスなく好きなことがやれている。いいメッセージなんて送れないですけど、与えられた職業の中に、好きなことは絶対にあると思うんです。僕はそういう好きなこと、その可能性があるものを、常に見つけているような気がします。

今後は、少なくとも東京で一番のお笑い事務所にしたいので、これからも芸人が売れる打率を上げていきたい。SMAでナンバーワンになれば売れると言われるくらい売れっ子を輩出していって、もっと芸人たちのモチベーションを上げたいです。

（2021年9月取材）

平井精一にとってのサボりとは……

仕事も「好き」につなげること

重たく感じる仕事も
楽しみがあると軽くなる

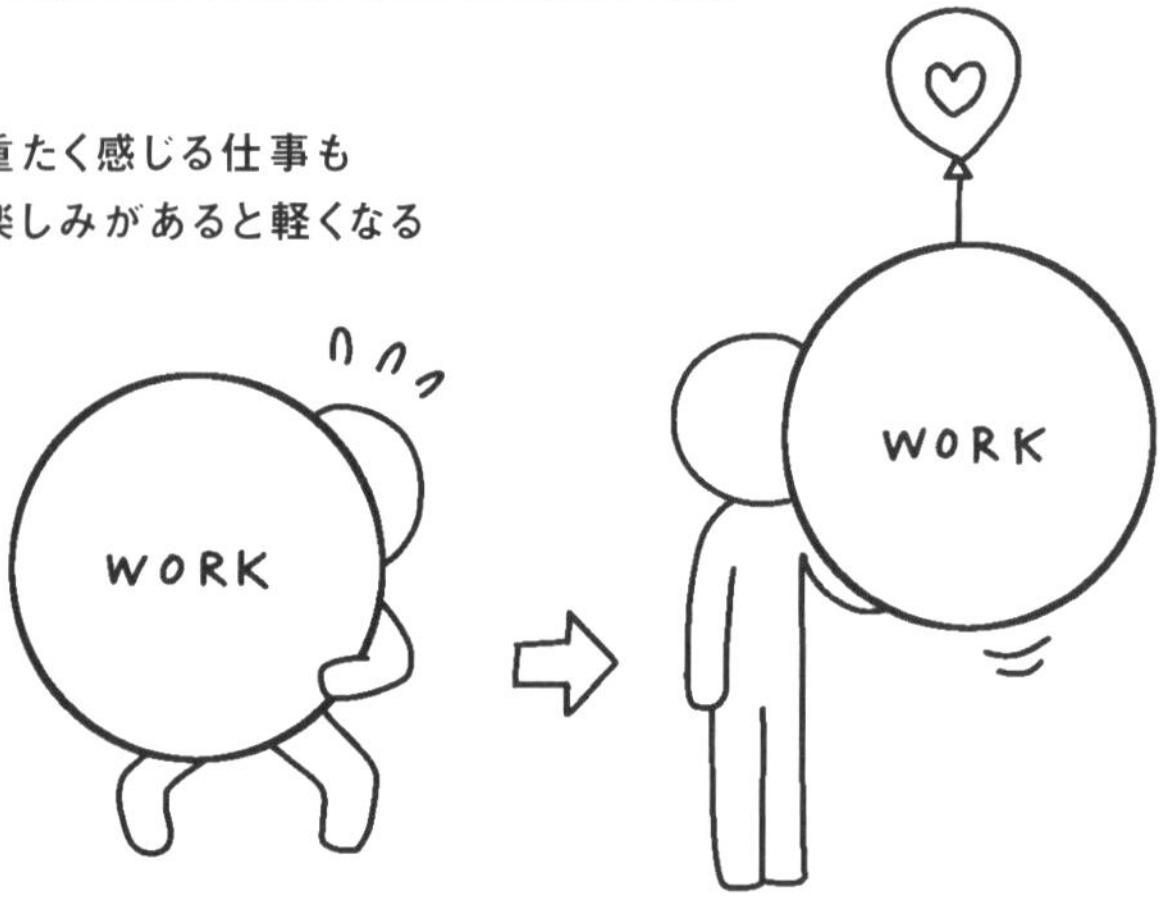

「やりたいことも、楽しいことも、自分で探す」

［映画監督］

枝 優花

枝 優花　えだ・ゆうか

映画監督／写真家。1994年生まれ。群馬県出身。2017年、初長編作品『少女邂逅』を監督。主演に穂志もえかとモトーラ世理奈を迎え、MOOSICLAB2017では観客賞を受賞、劇場公開し高い評価を得る。香港国際映画祭、上海国際映画祭正式招待、バルセロナアジア映画祭にて最優秀監督賞を受賞。2019年日本映画批評家大賞の新人監督賞受賞。また写真家として、さまざまなアーティスト写真や広告を担当している。

幼いころから憧れていた、映像の世界

――映画を好きになったきっかけなどはあるのでしょうか。

小さいときからなんですけど、近所の子たちと違う保育園に通っていて、全然友達がいなかったんですよ。それに祖父母の家に預けられることも多かったので、近所の公民館で借りたビデオを観たりしていました。

父が映画好きだったので、家で一緒に観ることもよくありましたね。父はいつも途中で寝るんですけど（笑）。それこそ王道のハリウッド映画なんかを、タイトルも知らないままいろいろと観ていました。だから、今になって「このタイトルって、あのとき観た映画のことなんだ」って気がつくこともけっこうあります。

――それで映画の世界に憧れを？

はい。映画に限らず、漠然と映像の世界に興味はありましたね。「どうやったらあっちの世界に行けるんだろう？」とぼんやり思っていました。私は群馬出身なんですけど、地元にいても憧れの世界には行けないことがわかっていたので、きっかけみたいなものを探していたんです。

そんなときに、東京からお芝居を教えてくれる先生が来ることを回覧板で知って。いわゆるワークショップみたいなものですね。それで勇気を出して母に「これ行ってみたい」って言ったんですよ。まだ10歳くらいだったんですけど、母は公務員で、納得できる理由がないと認めてくれない人だったので、子供なりに思い描く将来像などを説明して通わせてもらいました。

10歳から演技を学んでいたんですね。

ワークショップは月に何度かあったので、自分のお年玉で会費を払いながら、15～16歳まで通っていました。お芝居を学んで、先生に紹介してもらった監督のショートフィルムに出てみたり。でも、恥ずかしくて友達には言えませんでしたね。

映像の世界に進みたくて、大学も親や先生の反対を押しきって東京の大学に進みました。地元の国公立の大学に受かっていたので、銀行や市役所に就職できて安定するし、絶対に行ったほうがいいと説得されたんです。先生には「あなたが目指す場所には、ほんのひと握りの人しか行けない」って言われましたけど、「先生、ずっと群馬にいるのになんでわかるんですか？」って言い返したりして。でも、ムリにでも上京してよかったと思います。

東京ではワークショップの先生と再会して、今度は演出の勉強のために先生のレッスンのアシスタントをするようになりました。先生は芸能事務所に所属する俳優のレッスンを受け持っていたので。やっぱりお芝居って、勉強したり、やったりしてみないとわからないんですよね。演じるのと演出するのも違いますし。ただ、レッスン生たちもみんな必死なので、みんなの人生に影響を及ぼすと思うと、最初はすごく緊張しました。

映画を通じて、自分を表現すること

――大学生のときには作る側を意識されていたということは、映画を撮ったりもしていたんですか？

アシスタントをやりながら映画サークルにも入っていたので、そこで初めて映画を撮りました。メンバーの映画作りを手伝っていたら、監督が撮影1週間前に逃げちゃいまして……。ロケ地と日程だけがあって、脚本もない。残ったメンバーでどうするか話し合ったんですけど、一向に話がまとまらないので、「私が脚本を書いていいですか？」って申し出て、そのまま監督もやることになったんです。

監督はもちろん、脚本を手がけたこともなかったんですけど、やってみたら、ひと筋縄ではいかないところも含めてめちゃくちゃおもしろくて。先輩が脚本から撮影まであれこれ面倒を見てくれたおかげもあって、なんとか作品を完成させることができました。

——映画作りのおもしろさに目覚めたんですね。

上映会は口から心臓が飛び出そうなくらい緊張しました。いいか悪いかもわからないし、みんなに何を言われるのか不安で。でも、意外と自分がうまくできなかったと思っていた部分は、みんなそれほど見ていなくて。逆に思ってもみないところで「いいね」「映画的だね」って言ってもらえたのが新鮮でしたね。無自覚に撮っていたシーンにも、小さいころから映画を観てきた経験や、その記憶が紐づいていることがわかって、「自分を表現するって、こういうことなのかも」って思ったんです。

——それで、映画監督を目指すようになったのでしょうか。

いや、映画監督になろうとは思ってませんでした。母親の希望もあって、将来は配給会社とかにちゃんと就職して、定期的にお金がもらえる場所で映画に関わるのがベストかなと思っていて。映像業界もCMとかドラマとかいろいろあるので、インターンなどにはひと通り参加しました。全部の現場を見て、全部やってみてから決めようって。結果、映画が一番最悪で大変だけど、一番おもしろかったという感じですね。

分野によってそこにいる人の雰囲気が違うんですけど、なんか映画の人たちって、もの作りにしか興味がなくて、子供みたいなんですよ。そこが好きで。自分が子供のころに寂しい思いをしていたから、あのころ送れなかった時間を現場で追体験している感じがするんですよね。映画作りが好きな人って、そういうタイプが多い気がします。

「好きになれるキャラクターしか登場させたくない」

――「自分を表現する」という要素は、一般公開された作品を観ても感じられるのですが、作品にはどのぐらいご自身が投影されているのでしょうか。

基本的に自分で脚本も書くのですが、どうしても自分からかけ離れたものは作れないんですよね。演出する際も自分に引き寄せて考えているので、自己投影度は高いほうだと思います。主人公に60%ぐらい自分を託して、残り40%は取材するなどして作り上げていくイメージです。主人公以外のキーパーソンに自分の中の大事なものを分散して預けることもあります。

――キャラクターに自分を託す割合の調整は、より共感してもらえるようにキャラクターを普遍化していくイメージなのでしょうか。

割合についてそこまで考えてなかったんですけど、自分が作る物語の中に完璧な人は出したくないという思いがあって、そこは意識していますね。完璧にいい人もいないし、完璧に悪い人もいないはず。人はもっと多面的だと思うんです。

でも、どこか好きになれる要素がある人物しか登場させないんですよね。物語的によく思われないキャラクターでも、自分は嫌いになれないように、何かしらの事情や裏設定をつけるようにしています。「この人、イヤだな」と思うと、それが画に出ちゃうんですよ。その人を愛してないと、どこか適当で、そっけないシーンになってしまう。だから、実生活で苦手なタイプもあまり出さないかもしれない。

俳優さんにも、そういった設定を伝えてから任せるようにしています。やっぱり俳優側としては、「今回、イヤな役だな」と思っていても、自分の役は大事にしたいじゃないですか。そこは一緒に責任を持って、キャラクターを作っていけたらいいなと思うんです。

――物語はそういったキャラクターから広げていくんですか?

やりたいことや言いたいことがあって、それがどうしたら伝わるのかを意識しながら、物語の展開などを考えています。まず、そのテーマに関するあらゆる資料を読み漁って、おもしろいものを見つけるんです。そこから、テーマに直接関係はないけど、構造は似ているものなどについても調べて、広げていく。時間をかけて遠回りしながら、作品の骨組みを作るようなイメージですね。

作品が二重構造になっているような作りが好きなんです。本編とは別に扱っている小説がだんだん本編とシンクロしていくとか、本筋にあるヒントからその裏で走らせていたものが見えてくるとか。そうすると、2回、3回と観たくなるじゃないですか。そのためにも、最初に遠回りする過程が必要なんです。

小説や音楽ではできない、印象的な映像を作りたい

――自分の関心を広げたり深めたりするうちに、テーマの部分も明確になるようなイメージなのでしょうか。

でも、テーマとなるような思いって、根っこの部分はずっと変わらないんじゃないかと思っていて。だから、やりたいことが常にあるわけではなくて、がんばって探しているところもあるんです。根っこの思いはありつつ、それを枝分かれさせてみたり、角度を変えてみたり。ただ、「こういうシーンを撮りたい」といったシーンのイメージは常にありますね。

――たしかに、枝さんの作品には特別な瞬間を切り取ったような印象的なシーンがありますよ

ね。画だけで語ろうとする意志を感じます。

やっぱり映像が好きなんですよね。映像が見たくて映画を観ているといってもいいくらい、たくさん映画を観るよりも、好きなシーンを見るために何百回も同じ作品を観るようなタイプで。話の意味がわからなくても、「あのシーン、めちゃくちゃよかったな」と思えれば好きになれるというか。

自分で映画を作るときも、どうしたらイメージしたシーンが撮れるかを常に考えているので、脚本では光の指定もします。「ここで後光が差す」とか。「差す」じゃないよっていう(笑)。でも、そういった光の演出のほうがセリフよりよっぽど伝わるし、小説でも音楽でもできないことだと思うので、そこは重視しているというか、プライドを持ってやっているかもしれないですね。

――理想の映像を追い求めながら、そこに息づく俳優さんの魅力も引き出したりするのは、大変そうですね。

そうなんですよ。映像ばかりにこだわっていると、その中で生きてる人間が描けないんじゃないかと思って、演出の勉強を始めたところもあります。監督のポジションって怖いから、俳優さんを操り人形のようにすることもできるんですよ。でも、それはやりたくなくて。カメラが移動した瞬間に光が差してくるような状況で、映像を見ながら芝居も見るのは難しいんですけど。全部のタイミング、内容が完璧じゃないとオッケーは出せないじゃないですか。脳みそがあと2〜3個あればいいのに、って思います。

たくさんの経験と刺激が作家性につながっていく

――撮りたい映像のイメージなどは、やはりこれまで観てきた映画から受けた影響が大きいのでしょうか。

それも大きいんですけど、自分で映画を撮るようになって映像の見方が変わったんですよね。大学の先輩たちに撮り方について一から教えてもらったり、撮った映像に1カットずつダメ出しされたりしたことで、映像を意識的に見るようになりました。そこから、時間はあったのでとにかくたくさん映画を観まくったり、iPhoneをかざして、自分が撮っているかのような感覚で映画を観たりして。そうしているうちに、好きなショットやカメラの動き、レンズの深度などがわかってきたんです。

一方で、映画だけ観ていてもダメで。やっぱり見たことのない世界を撮りたい気持ちがあるので、映画として表現されたものだけでなく、別の刺激も必要なんですよね。なので、海外のショーや知らない国の人たちの生活を映したドキュメンタリーなど、いろんなものを観るようにしています。

——異なる刺激が自分の中で組み合わさることによって、何かが生まれるかもしれない。

そうです。それこそ、ただ広い土地を眺めるとか、映像じゃなくてもいいんです。自分の記憶と経験が作品に投影されて、それが作家性になると気づいたので、今はいろんな経験を重ねたい。だから、ひとりでどこでも行きます。

この前も、舞台挨拶で茨城に行くことになったので、早めに行って大洗まで足を延ばしてみたんです。行くあてもなかったので、とりあえず「めんたいパーク」（明太子の老舗かねふくが運営する明太子のテーマパーク）に行って。バス旅行のおじいちゃんおばあちゃんグループが明太子作りをじっと見ていたんですけど、その景色が妙におもしろかったんですよね（笑）。そんな記憶が、脚本を書くときに活かせるかもしれないなって思うんです。

「自分たちの話だ」と思えるような作品に

——美術や小道具にもこだわりを感じますが、どのようにかたちにしているのでしょうか。

設定はわりと細かく考えますね。たとえば、核家族だけど、お父さんはいつも帰りが遅いので、リビングは母と娘の国になっていて、冷蔵庫にもテーブルにもお父さんの痕跡がない、とか。でも、絶対にブレたくない部分以外、特定の指示は出さないです。余白があるほうが、美術さんが想像を超えた提案をしてくれるので。美術に限らず、プロの力を借りることで作品がよくなる瞬間が好きなんですよ。ひとりで脚本を書いたりするつらい作業の先にある、ごほうびの時間ですね。

――テーマを探したり経験を重ねたりすることの先にある、今後撮ってみたい作品のイメージなどはありますか?

日本映画を観ていても、「自分たちの話がないな」と感じることが多いんですね。自分が直面している問題や、同年代の子が同じように抱えている悩みを描いている作品が少ないんじゃないかなって。だからこそ、私のような人たちが「自分たちの話だ」と思えるような作品を作っていきたいですね。自分もそういう映画に救われてきたし、若い子たちも本当にピンとくる作品なら、何がなんでも観に来てくれますから。

それは作品だけでなく、プロモーションなどもそうで。若い人たちに作品が届くような発信の方法を考えるべきだし、これまでのルールや型にこだわらず、試行錯誤していかなくてはと思っています。

サボりに大切なのは、「公言すること」

――「サボり」についても伺いたいのですが、枝さんにとって「サボる」ってどんなイメージでしょうか。

誰かが「フリーランスはいつでも休めるし、いつも休めない」と言っていたんですけど、本当にそうなんですよね。私も休むことへの罪悪感が強くて。会社のように就業時間も決まっていないので、具体的な仕事がなくても、ずっと脚本のことが心のどこかにあったりするんですよ。だから、気持ちを切り替える方法もいろいろ考えてはいて、最近は「サボります」と公言するようにしています。友達とかに「今日はもう絶対に仕事しない」って言うんです。何かやらなきゃと思いながら結果的にサボっちゃうのが、一番罪悪感を覚えるので。

――たしかにサボると決めれば、少なくともその一日は後悔なく楽しめそうですね。どんな過ごし方をするとリフレッシュできるのでしょうか。

友達を家に呼んで料理をするのが好きですね。書き物などの仕事がうまくいかないときも、料理に逃げています。脚本は手を動かしていればなんとかなるものではないけど、料理は手を動かしていれば完成するじゃないですか。「何かを作っている」という感覚が得られるので、脚本がうまくいかないストレスが解消できるんです。

――食べることで元気にもなれますしね。

そうですね。それに、スーパーに行くのも好きで。「めんたいパーク」に行くのと同じように、店内でかかる謎の音楽を聞いて「誰が作ったんだろう?」って思ったり、「私が作りました」みたいなラベルのある野菜を見て「これは家族が撮ったのかな?」と思ったり、そういうのが楽しい。

――ストレスを発散しながら、クリエイティブな刺激も受けている。

そう思います。知り合いのアーティストの子に脚本の書き方を聞かれたときに、「遠くから取ってくるよ」って言ったんです。テーマに近いエピソードをもとにすると狭い話になるから、あえてテーマから遠い個人的なエピソードをつなげたほうがおもしろいっていうことなんですけど。そうしたらその子が、「Mr.Childrenの桜井(和寿)さんも、曲を書くときは自分の世界を広げて、遠くから拾ってくるって言ってた」って。

だから、日常の中でもどれだけ豊かな経験をして、豊かにものを見ているかが、創作にも関わってきちゃうんですよね。映画の技術部の友達がいるんですけど、撮影などで地方に行くと、ちょっとした隙間の時間に地元の有名なお店や観光地に行くんですよ。インスタで「サボりチャンス」なんて言いながら、みんなに内緒でさっと消えていく。そういう限られた時間でも積極的に楽しむ姿勢は大事だなって思います。

（2021年12月取材）

枝 優花にとってのサボりとは……

能動的に楽しみ、経験を重ねること

なんとなくではなく、
能動的にサボることが
経験を生む

「自分の中の『好き』と『問い』を大事にする」

［クリエイティブディレクター／プロデューサー］
畑中翔太

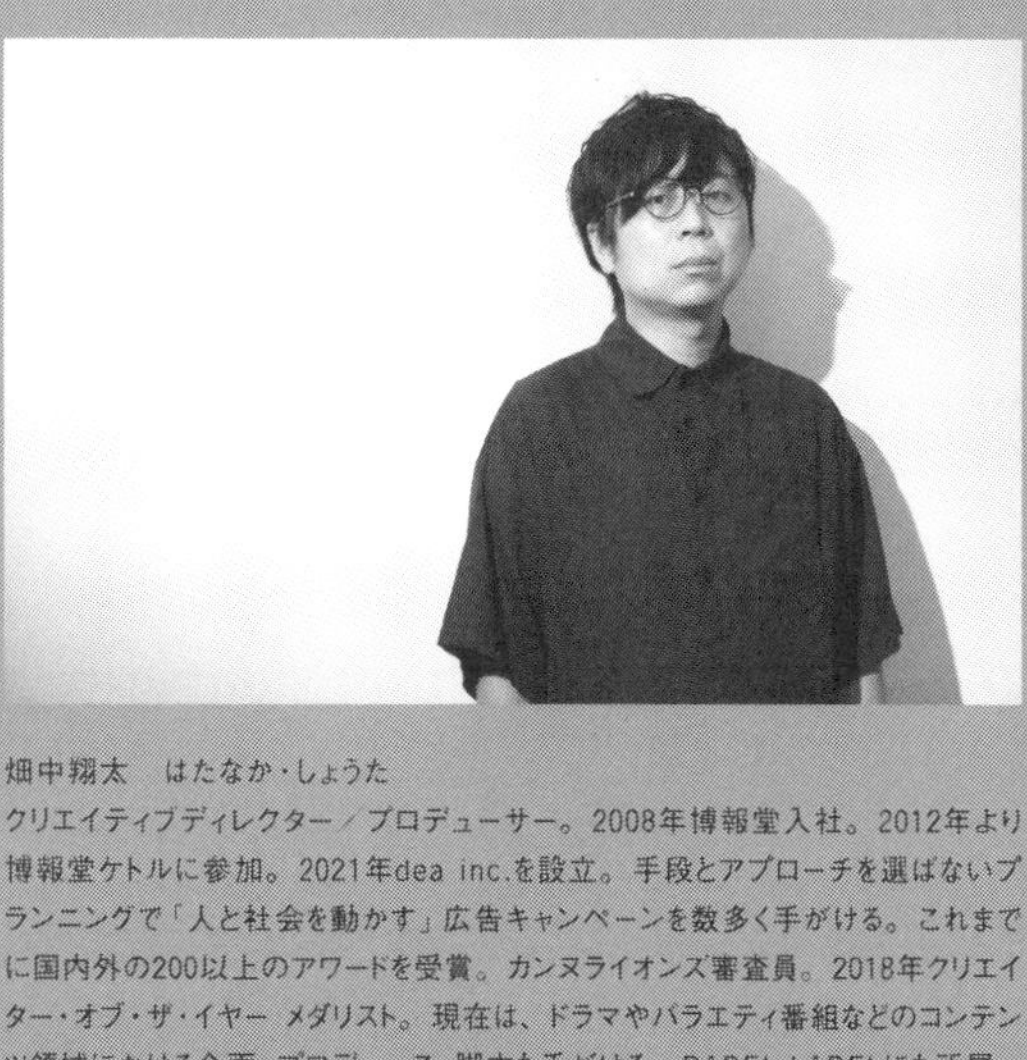

畑中翔太　はたなか・しょうた
クリエイティブディレクター／プロデューサー。2008年博報堂入社。2012年より博報堂ケトルに参加。2021年dea inc.を設立。手段とアプローチを選ばないプランニングで「人と社会を動かす」広告キャンペーンを数多く手がける。これまでに国内外の200以上のアワードを受賞。カンヌライオンズ審査員。2018年クリエイター・オブ・ザ・イヤー メダリスト。現在は、ドラマやバラエティ番組などのコンテンツ領域における企画・プロデュース・脚本も手がける。BABEL LABELにも所属。

「クリエイティブディレクターって何をやる人なんですか？」

――まず、広告クリエイターの畑中さんが、ドラマに関わることになったきっかけから聞かせてください。

絶やしてしまうには惜しいローカルな飲食店とその絶品メシ「絶メシ」を紹介する地域創生プロジェクトを手がけていまして。本を出版したり、いろんな地域に展開したりして、ニュースにも取り上げてもらったんですけど、市民権を得られていないな、という感覚があったんです。一般の人に広く浸透している実感がなかったというか。

テレビで5分のニュースにすることに限界を感じて、だったら、30分〜1時間のメディアになっちゃったほうが早いんじゃないかと思ったんですよね。それで、「絶メシ」ならドラマにできるんじゃないかと、テレビ東京さんに企画書を出してみたのがきっかけです。

――それが、ドラマ『絶メシロード』（テレビ東京）になったんですね。

でも、最初はいくつもある候補のひとつにすぎなくて、企画が通る可能性は低かったんですよね。そこで、絶メシを巡る男の話だけでは弱いとなったときに、「ロード」の部分を思いついたんです。ちょうど車中泊YouTuberの動画を観ることにハマっていたので、「車中泊」という要素を掛け算してみたらどうだろうと。車中泊が盛り上がりつつあったし、車中泊をしながら絶メシを巡る話なら地域創生などにもつなげられるかもしれないないなと思いました。

――ふたつの要素を掛け合わせることで、企画が通ったんですね。ドラマ作りが始まってからは、現場に立ち会ったりもしていたのでしょうか。

最初は原案者として現場にいさせてもらったんですけど、ドラマチームの方たちに名刺を渡したとき、「クリエイティブディレクターって何をやる人なんですか?」ってシンプルに聞かれたんですよね。でも、それにうまく答えられなくて。クライアントさんからのオーダーがあって、それに応えていくという、広告の中でだけ確立された「クリエイティブディレクター」という役職にちょっと虚無感みたいなものを感じて、ドラマでは一からいろいろ学ばせてもらおうと思いました。

とりあえず、制作プロダクションさんに居候するようなかたちで、撮影だけでなく編集などの現場にもいるようにしたんです。ドラマ作りについてわからないと、何も言えないなと思って。最初はすごく新鮮で、世界が広がるような感覚があって楽しかったですね。広告の15秒〜30秒、長くて1分の世界から、30分×10本とか作るドラマの世界を見ると、ファミコンのゲームが3Dのオープンワールドゲームになったくらいの広がりを感じたんです。

でも、だんだんと「ただ居候しているだけではダメだな」と思い、より入り込むというか、自分から関わっていくようになりました。あのころは、本当にずっとプロダクションさんにいましたね。皆さんだんだんと忙しくなってくるんですけど、そこにもできるだけいるようにして、とにかく修行しているような日々でした。

ドラマは観る人のことをイメージできる

――畑中さんの場合、ドラマの「企画・プロデュース」とはどんなことをされているのでしょうか。

『絶メシロード』や『八月は夜のバッティングセンターで。』(テレビ東京)は、「企画・プロデュース」として参加していますが、わりと原案に近いところから手がけている感じですね。『八月〜』なら、バッティングセンターが舞台で、妄想の世界(野球場)に本物の元プロ野球選手が出てくるドラマという設定や、ストーリーラインなどを考えています。

『お耳に合いましたら。』(テレビ東京)は、主人公がチェーン店グルメ「チェンメシ」をテーマにしたポッドキャストを始めるという設定やストーリーを一から考えているので、「原案・

企画・プロデュース」ということになっています。12話までの仮の展開も決めて、それをもとに脚本をお願いしました。

脚本から撮影、編集まで全部一緒に進めているので、テレビ局のプロデューサーよりも広く企画や演出に関わっている、企画寄りのプロデュースをしている感じですね。

――ドラマ作りに参加して、30分〜1時間という時間のほかに広告との違いを感じたところはありますか？

広告って、どこにどのタイミングで流れるのかわからないことも多いんですけど、ドラマは何曜日の何時って枠が決まっているじゃないですか。すると、「金曜日の深夜にテレ東を観ている人って何が観たいんだろう？」とドラマを観る人のことをイメージできるんですよね。『絶メシロード』のときは、金曜深夜に観た人が、そのまま主人公と同じように出かけてくれたらいいなという気持ちがありました。車で出かけて車中泊して、土曜日に帰ってくる、みたいな。

それと、週末の深夜なので、事件やドラマ性のあるものよりも、楽しそうでちょっと気のゆるむようなもののほうが観ている人に届くんじゃないかとも考えて。ドラマって、どうしても事件性や起承転結のストーリー性が大事だって思いがちなんですけど、観てる人は必ずしもそれだけを求めているわけではないんじゃないかと。そういう発想で企画を考えたことがなかったので、おもしろかったですね。

――実際にドラマに登場した絶メシを食べに行った人もたくさんいたみたいですね。

「絶メシ」という概念がドラマを通じて広がって、SNSでも毎日のように「お店に行ったよ」「マネして車中泊やってみました」といった投稿が上がっていたので、当初の狙いどおりというわけじゃないですけど、本当によかったなと思いました。中には自分だけの「絶メシ」店を探して見つけるような人や、主人公と同じ車を買った人なんかもいて。

自分の「好き」を掘り下げて、記憶に残るものを作りたい

――その後もドラマを手がけられるようになったのは、広告的な発想でドラマを作ることができるとわかったのが大きいのでしょうか。

そうですね。広告でやっていることはドラマに転用できるなと思いました。企画を作るとか、それをプレゼンして通すとか、そのドラマのおもしろいポイントを見つけるとか。あとは、コピーライティングじゃないですけど、ドラマを表すキーワードを考えるとか。そういったこと

が活かせるとわかって、もっとドラマをやりたいなと思うようになりました。

――絶メシ×車中泊や、チェンメシ×ポッドキャストなど、要素の組み合わせの妙にも、企画性の高さを感じます。

『お耳～』は、ポッドキャストというテーマは決まっていて、今の時代、誰でも配信者になれるので、主人公がポッドキャストを始めて成長するというストーリーをまず軸に決めました。そこにグルメか何かを掛け算できないかなと思っていたんですけど、コロナで外食もできないので、テイクアウトがいいんじゃないかなと。チェーン店グルメなのは、僕が好きだからなんですけど。

広告をやっているからか、テーマを掛け合わせるようなクセがあるんでしょうね。「ただ恋愛ドラマをやる」というだけだと、おもしろくなるか不安になってしまうというか。ドラマの世界では邪道なんだろうと思うんですけど、逆に新鮮に見てもらえているのかもしれないです。

――そこに畑中さんの「好き」も加わっているので、頭の中で考えただけではない、熱のようなものが感じられるのかもしれません。

テレビ東京さんの深夜ドラマって、カルチャー系のドラマも多かったりするように、100人に刺さらなくても7～8人に深く刺さればいいっていう作り方をさせてもらえるので、ありがたかったんですよね。『八月〜』で野球をテーマにしたのも自分が好きだったからなんですけど、自分たちの好きなものを掘り下げて、少なくともそれに共感してくれた人の記憶には深く残る、そういうドラマを作りたいと思ってるんです。

——元プロ野球選手の選び方などに、「好き」を感じました。

僕だけでなくスタッフも野球好きばかりだったので、打ち合わせから撮影までずっと楽しくて。特に「誰に出てもらうか」という打ち合わせは、好きなチームの話にまで脱線して、収拾できないくらい盛り上がりましたね（笑）。

主人公の名前が「伊藤智弘」なのも、僕が元ヤクルトスワローズの投手で、今は投手コーチをしている伊藤智仁さんが好きだったからなんです。そうしたら、ヤクルトスワローズを通じて連絡があって、ドラマのPRとして伊藤さんと対談できることになったんですよ。ただ好きなことをやっていただけなんですけど、本当にうれしかったですね。

『お耳〜』でドムドムハンバーガーが登場したのも、完全に自分が好きなだけ。僕が子供のころに初めて食べたハンバーガーがドムドムだったので、ハンバーガーを出すなら絶対にドムドムだと言ってたんです。単なるエゴですね（笑）。全国に28店舗しかないチェーンなんですけど（2023年1月時点）、制作チームも「いいんじゃない」と言ってくれて。

やったことのないことに挑戦していきたい

――ドラマ作りを重ねていく中で、新たなスタイルに挑戦したり、担当する範囲を広げたりするのは大変だと思いますが、苦労したことなどはありますか？

『絶メシロード』は縦横で言うとパッケージ化されている横軸のドラマで、毎回だいたいの展開は決まっているんですよね。どこかに車中泊して絶メシを食べて終わる、みたいな。でも、『お耳～』はチェンメシを食べるというゴールはあるんですけど、ドラマ自体は続きものの縦軸の展開なので、そこは苦労しました。縦軸のドラマのほうがより自由で、どんな展開になってもいいところが、逆に困ったというか。ほかと比べて、脚本の打ち合わせも撮影も倍くらいかかりました。

――縦軸のドラマは、1本単位のストーリーだけでなく、1クール通してのストーリーも必要になりますよね。それに、シチュエーションなども毎回変わってくるわけで。

しかも、なんの背景もないところから新しいものを描くには、30分って短いんですよ。だから、ストーリーを作る際には、みんなにとっての原体験を各話に入れるようにしていました。仲よくなかった3人が好きなものが同じでグループになるとか、イケてる先輩かと思ったらヘタレ野郎だったとか、大学時代の友人との就活であったいざこざとか。

多くの人にとっての共通体験や共通イメージとしてありそうな瞬間を切り取ることで、みんなが共感できるポイントを作ったんです。そうすると、30分でも理解しやすいストーリーになるんじゃないかと。そのポイントが決まればあとは早いんですけど、決めるまでがわりと大変でしたね。

あと、『八月〜』では毎回バッティングセンターからいきなり野球場に飛んで行っちゃうんですけど、「なぜいきなり野球場にいるのか」といった説明をすることは諦めたんです。全部説明する必要はなくて、「多少リアリティ・ライン（作品内のリアルさの度合い）が崩れても、おもしろければ視聴者はいいと思ってくれる」と考えるようになったら、ドラマが30分でギュッと収まるようになりました。

――そういった経験を重ねることで、アプローチできる幅も広がっていきそうですね。

そうですね。そのあと、1時間ドラマを作ることもできたので。『農家のミカタ』（テレビ東京）という農業をテーマにしたドラマで、新しく農家を始める「新規就農者」の話なんです。

自分で脚本も書いたんですけど、今回も社会からテーマを取ってきていて、僕は観た人が動くようなドラマを作りたいんだなと改めて思いました。ただ「あーおもしろかった」だけではちょっと物足りなくて、「これマネしてみよう」「明日食べに行ってみよう」とかって思ってもらいたいんです。

――メッセージ性というよりも、日常の楽しみ方やちょっとした気づきなども、ドラマを通じて発信できるんですね。その点で、何かほかに興味のあるテーマなどはありますか？

ちょっと話が変わってしまうのですが、自分がやったことのないジャンルに挑戦してみたいという気持ちがあって。CMを作って、イベントをやって、ドラマを作って、書籍も出版した。あとは何があるかなと思ったら、マンガはやったことがなかったんですね。

それで、今はWEBマンガ『夢喰い』の原作・シナリオを手がけています。ドラマのときもそうでしたが、いざその世界に入ってみると、マンガ業界も本当に大変なんだと思いました。ここまで時間をかけて苦労して、当たるかどうかもわからない作品を作るんだなって。いつも読んでいるマンガの読み方も変わって、1コマずつちゃんと見るようになりました。

「どちらかというと、走り続けるタイプなんです」

――ところで、2本のドラマを同時に進行するなど、畑中さんはかなり忙しく動いていらっしゃるようですが、「サボり」というか、息抜きなどはしているんですか？

どちらかというと、走り続けるタイプなんですよね。なので、息抜きといっても、ソーシャルトラベルみたいなことで。スマホの中でいろんなソーシャルメディアをブワーッと巡って情報のシャワーを浴びてきて、また仕事に戻るような感じなんですけど。

――それもちょっとお仕事みたいですね……。

仕事のためというわけではなく、好きなものが多くて、置いていかれるのがイヤなんです。だから、時間ができたら話題に追いつきたい。大谷翔平選手がホームランを打ったことを、翌日知るなんてイヤじゃないですか。それが僕にとっては息抜きなんですよね。

ただ、企画をする仕事なので、情報に触れることが仕事につながっている部分もあります。ひらめきや要素の掛け算って、自分の中にあるものから生まれるものなので、引き出しを増やしておいたほうが、ふとしたときに何か思いつく可能性も高くなると思うんです。

あるフェスに関するニュースを見たことで、補助金がどれくらい出ているのかを知って、クラウドファンディングなどが開かれないイベントもけっこうお金をもらっているのかなと思ったり。仕事のためにしているわけじゃないんですけど、ひとつの情報をきっかけに関連情報や連想したものをあれこれ調べることは多いですね。

――好きなことに限らず、広く情報には触れるようにしているんですか？

そうですね。でも、ただ情報を見るというよりは、気になった情報について一度考えることが大事だと思っています。たとえば、事件を起こした犯人が沖縄で逮捕されたというニュースを見たら、「なぜ犯人は南に逃げるんだろう？」って考えてみるとか。そこから、「自分が犯人でも、わざわざ寒い地方には逃げないよな」「警察はどう考えるんだろう？」と広げていく。問いを立てて考えた経験は、あとになって企画に活きたりするんですよ。

仕事が全部片づいたときだけ〝無〟になれる

――常に問いを立てることで、情報が通り過ぎるのではなく、自分の中のテーマや関心事としてストックされていくんですね。では、純粋に楽しんだり、無になったりする時間はないので

しょうか。

あの、性格的にあとに残しておくのがダメなんですよ。夏休みの宿題を全部7月にやっていたくらいで、仕事もやり残した状態だと気持ち悪いんです。だから、本当に全部仕事が片づいて、やることはもうない、1日か半日何もしなくていい、という状態になってようやく無になる。その瞬間は好きですね。

日常的に楽しんでいることも、自分で率先してやるような趣味もないんですけど、逆にどんなことでも楽しめるんです。情報に対して問いを立てるのと同じように、「なぜ?」と考えながら見ているだけでおもしろい。そこまで自覚的にやっているわけじゃなくて、物事を俯瞰《ふかん》して見る習慣があるというか。何かに対して共感するというよりは、ちょっと外から見てその状況を楽しんでいるところはあるかもしれません。

たとえば、実家に帰ると、両親や祖母と「花を見に行こう」なんて話になったりするじゃないですか。僕は花には興味がないんですけど、でも、「なぜ人は歳を取ると草花が好きになるんだろう?」って考えるのは楽しい。それも結局、仕事につなげちゃうんですけどね(笑)。

(2021年8月取材)

畑中翔太にとっての
サボりとは……

「なぜ？」と
問いを
立てる時間

「なぜ?」を楽しむことが
ヒントや引き出しになる

「心を動かしながら、遊ぶように働く」

［SCRAP代表］
加藤隆生

加藤隆生　かとう・たかお
株式会社SCRAP代表取締役／バンド「ロボピッチャー」のギターボーカル。2004年にフリーペーパー『SCRAP』を創刊。同誌の企画として実施した「リアル脱出ゲーム」が評判を呼び、2008年、株式会社SCRAPを設立。多くのリアル脱出ゲームなどのイベントを手がけ、その舞台は遊園地やスタジアム、海外にまで広がっている。また、新宿歌舞伎町の「東京ミステリーサーカス」をはじめ、常設店舗も全国各地に展開している。

ふとしたことから「物語の中に入る装置」を発明

――リアル脱出ゲームは、2007年にフリーペーパーの企画として行ったのが最初だそうですが、きっかけはなんだったんですか？

僕が作っていたフリーペーパー『SCRAP』の企画だったのですが、このフリーペーパーはイベントで収入を得ていたんです。フリーペーパーに広告を載せて収益を得るビジネスモデルは崩壊していたので、フリーペーパーを豪華なチラシと捉え、イベントにつなげて集客して、入場料で収益を上げていました。

ある日、「どんなイベントを作ろうか？」という会議をしていたときに、スタッフに「最近、何かおもしろいことあった？」と聞いたら、「(ネットゲームの) 脱出ゲームにハマってます」って言う人がいたので、「じゃあそれイベントにしよう」と。

――とはいえ、謎を作ったり、脱出ゲームをリアルに再現したりすることなども難しかったのではないでしょうか。

意外と盲点だったのが、鍵の位置ですね。脱出ゲームって、密室の中で鍵を見つけて、最後にドアをガチャっと開けて出ていくんですけど、現実には部屋の内側に鍵穴のある部屋なんてないんですよ（笑）。外から人が入ってこないようにするものだから。でも、内側から鍵を開けるのが脱出ゲームの醍醐味だから、そこにはこだわろうと、段ボールやガムテープを使って即席の鍵を作ったりしましたね。

あとは、借りていたスペースにこちらが仕掛けた謎とは関係ないものがたくさん置いてあって、みんな、それもわーっとひっくり返しちゃうんですよ。で、そこにあったマンガの中から走り書きのメモみたいなものが出てきて、「これだーー!!」って（笑）。こちらとしては、「え、何それ!?」っていう。でもそれがきっかけで、謎解き目線で世の中を見れば、不思議なことはいっぱいあると気がつけたんです。

――そういったお客さんの反応や、ご自身の手応えもあって、また開催しようという流れになっていったんですね。

そうですね。僕らがやったことって、謎を手書きしたコピー用紙を10枚くらいくしゃくしゃに丸めて隠して、箱を置いて「これが開いたら成功です」って言っただけなんですよ。でもお客さんからしたら、もう90点の経験になってたんです。その空間にいるだけで興奮して、謎が解けようものなら「人生最高の体験でした！」って言ってくれる感じで。

第1回を終えた夜には、「物語の中に入る装置を発明したんだ！」と感じて、謎をどんどん作りたいと思っていました。お客さんも大熱狂で、「興奮して眠れない」というメールが何十通と来て。ほかではできない体験だったので、飢餓感のようなものもすごかったと思います。

――「早く次の謎をくれ！」みたいな（笑）。

でも、大事なのは謎じゃなかったんですよ。みんなでコミュニケーションを取りながら、協力して謎と向き合う空間、その仕組みが大事で。僕らは「物語体験」と呼んでいますが、物語を感じる場所、空気があれば、人は熱狂する。それは世界共通で、シンガポールでも、ニューヨークでも、どこでやってもお客さんの熱を感じました。

誰もやっていないことを、自ら切り拓いていく感覚だった

――それにしても、今ほどネットの拡散力が強くなかった時代に、どのように評判が広まっていったのでしょうか。

当時、mixiに「脱出ゲームコミュニティ」があったので、そこに「リアルでやります」と書いたら、コメントがブワーっとついたんですよね。コミュニティ参加者が6万人もいたので、

そこで告知をしただけですぐにチケットが売り切れて。

それ以降は、100枚、200枚、400枚、1000枚と、倍々ゲームでチケットが売れていき、リアル脱出ゲームを思いついた日から4年後の2011年には東京ドームで『あるドームからの脱出』をやっていました。そのころにはTwitterもやっていましたが、東京ドームのときもTwitterとmixiで告知しただけで売り切れたんです。

――ゲームとして楽しんでいた世界がリアルで体験できると聞いたら、ワクワクしますよね。それで、事業として展開していくようになったと。

そうですね。さまざまな企業からイベントの依頼や謎制作の依頼が来て、もう個人では対応できなくなり、2008年にSCRAPを設立しました。でも、1回目のイベントの時点で「もうこれは遊びじゃなくなるぞ」と思っていた気がします。そこからは見えるものがすべて謎に見え、日々新しいことを思いついたし、経験を重ねるほど次の経験が作れるようになっていったんです。

だから、ターニングポイント的な大きな出来事があったというより、毎日ターニングポイントを迎えているようなイメージでした。すごいスピードで成長していて、誰もやっていないことを自ら切り拓いて先頭に立っているような感覚で。「ここでは今、自分が世界一なんだ」と興奮してましたね。

――ひとつずつイベントをこなしながら成長していくことで、東京ドームのような場所でも成立させられるスキルを身につけていったんですね。

考えてみると、東京ドームでリアル脱出ゲームをやったことも、ひとつのターニングポイントだったといえるかもしれません。小さな部屋だった会場がホール、学校、遊園地と、どんどん大きくなっていって。それが東京ドームになって、燃え尽きてしまった感覚がありました。ミュージシャンにとっての武道館のような場所ですし、もうほかに名実ともに大きな場所はないんじゃないかと。

そこで、「次は10人しか遊べない部屋を作ろう」と原点回帰して始めたのが、常設店舗です。アパートの一室を借りて、ルーム型のリアル脱出ゲームを展開していきました。イベントごとに会場を借りるのではなく、自分たちで店舗を運営する方向に舵を切ったんです。

――常設型の店舗となると、脱出ゲームを展開する期間や、その数なども変わってきますよね。

チケットが売れ続けるから、最初は何も考えてませんでしたね。1年ぐらい経って、そろそろ別のゲームを作りますか、といった感じで。結局、そのころ作った『ある牢獄からの脱出』なんかは、6年ぐらい売り切れ続けました。

遊園地やミュージカルは何回でも楽しめるのに、リアル脱出ゲームは1回遊んだらもう遊べない。だから、ゲームを作り続けるしかないし、だんだん先細っていくだろうなって悩んでいたんですけど、5年目ぐらいで、お客さんが入れ替わっていることに気づいたんです。

それで、試しに5年前のゲームをやってみたら、すごく売れて。それに、東京でやったゲームを全国に持っていくこともできるわけで、時間という縦の軸だけでなく、地域的な横の広がりもあるんですよ。「うちの会社、いける！」って思いましたね。

「物語」が広げた、リアル脱出ゲームの世界

――イベントとしての変遷だけでなく、ゲーム自体の変化や進化などはあったのでしょうか。

コルクという会社の佐渡島庸平さんが編集者として講談社にいらっしゃったときに、マンガ『宇宙兄弟』とコラボしたんです。そのときに、「本当に脱出できてよかった」と泣けるような物語にできないかと提案されて。僕はそれまで、物語は謎解きにとってジャマだとすら思っていたんです。でも、いざ物語をつけてみると、シビアな判断をして脱出しなければならないこともあり、謎が解けた興奮とは別の感動があった。お客さんがみんな泣いていて、それを見て

僕も泣いて（笑）。物語性のあるリアル脱出ゲームを作ってみませんか、というのはすごくクリティカルなアドバイスだったと思います。

それをきっかけに、うちのスタッフも急に脚本を書き出すようになって。素人が脚本なんて書けないだろうと思っていたんですけど、みんなサラサラ書いちゃうんですよ。ゲームのシステムや設定を踏まえて、その世界、空間をよりよくするための文章なら、ある意味プロよりもそのゲームを作っている本人のほうがうまく書けるんですよね。小説とも映画の脚本とも違うので。

――やはりスタッフの方々も「リアル脱出ゲーム脳」が発達しているんですね。

当然、一緒にゲームを作ってきたスタッフたちも、僕と同じようにリアル脱出ゲームを作る力をつけていて、いつの間にか追い抜かれていました（笑）。僕はどうしても経営のほうにまわらざるを得ないときもあるので、途中から「もう俺より先に行ってくれ」とゲーム作りを任せるようになっていったんです。

若いスタッフにも、「とにかく作れ」としか言ってないんですよ。数をこなすほど作れるようになるし、世に出して失敗しても絶対に成長するので。いろんな会社にエースクリエイターみたいな人はいますけど、それって、たまたま最初に3回連続で成功しただけじゃないかと思うんです。でも、3連勝すると知恵も自信もつくし、より高いステージで挑戦させてもらえるようにもなって、好循環が生まれていく。逆に1勝2敗みたいな人は埋もれていきがちですが、50回挑戦を続ければ大ヒットを生むかもしれないじゃないですか。最初の運で差がつくのはもったいないなって思います。

アイデアはパソコンの前に座っていても出てこない

――ご自身が最前線でリードされていたクリエイションを、人に任せることは簡単ではなかったんじゃないかと思います。

「俺が世界一だ」と思ってやってきたので、やっぱり最初は身を引き裂かれるような思いもありました。でも、47歳になった人間が最前線に立ってクリエイティブだなんだと言っていても、しょうがないなと思ったんです。若い人たちのほうが心の動きのストレッチも利くし、絶対量も多い。だったら、任せちゃったほうがいいんですよね。

今は「どんどんやってくれ」と思うし、スタッフが結果を出せば、自分がそのゲームを作ったかのようにはしゃげる。でも、心のどこかでは「俺のおかげだな」とも思っていて（笑）。

彼らがアイデアを思いつけるような場所を用意したり、方法論を作ったりしてきたと、こっそり思ってきたからなんでしょうけど。

――ゲーム作りのノウハウや知識はしっかり共有されているんですね。

僕が知っていることは、すべて会社で共有するようにしています。謎作りのアイデアが浮かんだとき、すぐに専門家に相談して実現する方法を探ることができるのも、ひとつのアイデア力、企画力だと思うんです。たとえば、謎好きのマジシャンがいるんですけど、「こぼれた水が文字になる方法はないんですか？」と相談したら、「水を弾く油があるので、それを塗ればいいんですよ」と教えてくれたりする。そういったネットワークも共有していきました。

あとは、企画の作り方ですね。パソコンの前に座って考えていても、アイデアなんて思いつかないと思うんです。僕のイメージでは、「さあ、思いついて」って言われた瞬間に思いつけないともうダメ。日常的にアイデアにつながるインプットをしていれば、すぐに出てくるはずなんです。何も思いつかないのは、それまでの半年間サボっていたということ。だから、半年後にアイデアを思いつけるような努力を毎日していこうとは、みんなに話しています。

――何からインプットするかは、やはり人それぞれなのでしょうか？

そうですね。マンガでもいいし、山登りでもいい。日常の中にヒントは転がっているはずだから、それを意識することが大切だと思います。ただ、好きなものじゃないと心は動かないので、何かを好きになる能力が高い人は、ゲームもたくさん作れるんですよね。自分の心が動くプロセスを観察できないと、人の心の動かし方もわからないんじゃないでしょうか。

企画書を書くにしても、心が動いたかどうかがおもしろさの判断基準になると思います。まず自分の心の動きを再現するために企画書を書いて、それを客観的に見て、人の心が動くかどうか考える。仮説ではありますけど、それでイエスならいい企画だし、ノーならいい企画じゃないと判断できるわけで。その基準がないまま、いくつも企画書を書いてもダメなんですよね。一番やりたい企画書だけを持ってきてくれればいいんです。

サボりもどこかで仕事とつながっている

――加藤さんの「サボり」についても聞かせてください。

仕事をサボるほど忙しくないんですよ。1日5時間予定が入っていたら、「うわ、忙しいな……」と感じます。自分では、1日3〜4時間で滞りなく業務をこなせる能力があるんだと思っているんですけど(笑)。それくらいの時間ですべてを処理できるようなチーム作りもしてきました。
そう言うとなんか偉そうですけどね（笑）。もちろん、空いている時間にもいろいろ話しかけられたりはするので、純粋に3〜4時間しか会社にいないというわけじゃないんです。でも、それは仕事だと思ってないというか。

――遊びを仕事にしているだけに、線引きが曖昧なのでしょうか。

はい。今だったらハマってるラジオについて早く社員と話したいんですけど、そう思っている時間も仕事といえば仕事なんです。だから、スマホのソーシャルゲームにハマってダラダラプレイするようなことにも、あまり罪悪感はなくて。絶対にどこかで仕事とつながっているはずだから。

――常にスイッチをオンにした状態で遊んでいるとしたら、そういった意識もなく純粋に楽しんでいることはあるのでしょうか。

最近、やっと仕事と関係ない趣味だと思えるものができてきたんです。山登りが好きになって、社内に登山部があるので、その活動に子供と一緒に参加したりしています。あと、仕事っぽくはなりますけど、社内で発足したミステリー研究会にも参加しています。毎月みんなで課題図書を読んで、その感想戦的な飲み会をするんですよ。感想戦の1週間前からドキドキするくらい、それが楽しくて。

――ひとりで楽しむよりも、みんなで楽しむことが好きなんですね。

単純に寂しがりなんですよね。会社設立当初は、よくみんなをごはんに誘っていたんですけど、反応が悪いと「もう会社辞める！　俺がなんで会社作ったかわかるか？　ひとりになりたくないからや！」って（笑）。それで、みんなパソコンを閉じてごはんに行ってくれる。そんな時代もありました。

今はそうもいかないので、ミステリーとかラジオとか登山とか、共通する話題のある人たちとランチに行ったりしているんです。人と何かを共有するのが好きなんでしょうね。仕事のことをすぐに社内で共有するのも、業務として意識しているというより、単純に自分がそういうタイプなだけなんだと思います。

（2022年7月取材）

※リアル脱出ゲームは株式会社SCRAPの登録商標です

加藤隆生にとってのサボりとは……

楽しい気持ちをみんなでシェアすること

シェアすることで
趣味も仕事も広がる

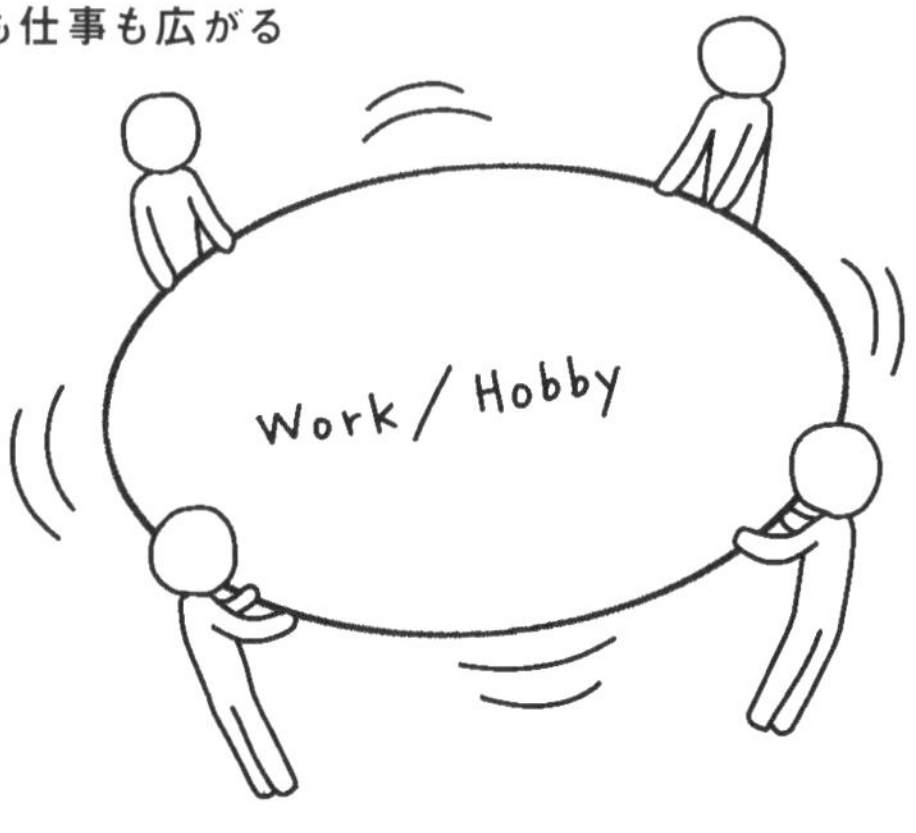

「ひとつもためにならない、無駄な時間を楽しむ」

［ニッポン放送プロデューサー／ディレクター］

石井 玄

石井 玄　いしい・ひかる
2011年にサウンドマン（現・ミックスゾーン）に入社。ディレクターとしてニッポン放送の『オードリーのオールナイトニッポン』、『星野源のオールナイトニッポン』、『佐久間宣行のオールナイトニッポン0（ZERO）』などのラジオ番組を担当したほか、チーフディレクターも務めた。2020年からはニッポン放送のエンターテインメント開発部にて、生配信ドラマ『あの夜を覚えてる』やオールナイトニッポンの番組イベントや番組関連書籍などのプロデュースを担当している。

初めて本気になれたのがラジオだった

――石井さんがラジオ業界に進んだきっかけから聞かせてください。

ラジオが好きで、ラジオに救われたから、とよく言っているんですけど、本当に何もできない人間だったんです。大学時代はバイトも続かず、大学にも通えないような生活を送っていました。埼玉の春日部が地元なんですけど、高校までは春日部から出ることもほとんどなかったんですよ。田舎の男子校で仲間と楽しく過ごしていたのが、誰も知り合いのいない東京の大学に満員電車で1時間以上かけて通うのがめちゃくちゃストレスで。

なんの目的意識もないから、サークルに入ったり、就職活動したりするようなこともないまま大学を卒業し、週末に地元の友達とサッカーをやるだけのニートになって。『木更津キャッツアイ』（TBS）っていうドラマがありましたけど、あのドラマに出てくるようなどうしようもない若者でした。働きもせず地元の仲間とサッカーして、ビール飲んで……。ドラマの舞台として木更津のほかに春日部も候補に上がっていたらしくて、街の雰囲気なんかも似ていましたね。

――その空白の期間に「ラジオしかない」と思ったとか。

当時は何もないまま、「俺には何もないな……生きてる意味あるのかな？」という漠然とした思いを抱えていました。まあ、遅れてきた思春期みたいな感じですね（笑）。でも、ラジオを聴いていると、「それでもいいんだよ」、「みんなそうなんだよ」と言ってもらえるような気がしたんです。伊集院光さんや、爆笑問題の太田（光）さんも、学校生活に挫折してたりするじゃないですか。

それで、今後の生き方を本気で考えてみたときに、自分がずっと好きだったお笑いのラジオ番組に携わりたいなと思ったんです。それからちゃんとバイトをしてお金を貯めて、放送系の専門学校に入り直しました。自発的に行動したのは、このときが生まれて初めてだったかもしれないです。

自分から動いたほうが、何事も楽しめる

――目標ができたとしても、急に前向きに取り組めるものなんですか？

「ラジオのディレクターになれるかもしれない」と思ったら、学ぶのも楽しくなって。よく

子供が「因数分解ってなんの役に立つの?」とか言いますけど、専門学校で学ぶことは全部仕事に直結した知識なので、「これは絶対役に立つな」と思えるんです。

サークルにも入るようになって、番組を作ってコミュニティFMに納品したりしていました。同じような志を持った仲間と、プロレベルのものにしようと番組を作るのがすごく楽しくて。大学では味わえなかった、初めての経験でした。

とはいえ、僕は同級生より年上で、大学時代の失敗を踏まえて専門学校に来たので、みんなのように青春を謳歌するほどではなかったんですけど。まじめに授業を受けてない子たちを横目に見ながら、「それやっちゃうと失敗するんだよな。僕は勉強がんばります」って、一番前の席に座ってました。人生をやり直しているような感覚でしたね。

——それから制作会社に入社することになりますが、モチベーションを維持して働くことはできたのでしょうか。

最初はADとして怒られまくっていたので、「とにかく怒られないように動こう」という思いが先にあって、ちょっと受け身だったかもしれないですね。でも、だんだん怒られそうな選択肢を回避できるようになってきて、ミッションを攻略するゲームのような感覚で業務に取り組めるようになったんです。そのあたりから、受け身でいるより自分から動いたほうが怒られないし、仕事も楽しめることがわかってきました。

ラジオADの業務は雑務が中心ですが、BGMを用意するにしても、こちらからいくつか候補を提案するようになって。僕の推したBGMが番組でおもしろい感じにかかって、パーソナリティもスタッフも笑っているのを見ると、「(自分のセンスは) 通用するな」と思えるんですよ。そうすると、だんだん選曲を任せてもらえるようになって、業務が楽しくなってくる。

ADとして認められる場面が増えると、クリエイティブな部分も任せてもらえるようになるんですよね。次はジングル (CMやコーナーの節目に使われる素材) 作りや中継を任せてもらえるようになるとか、そういった積み重ねを通じて、ディレクターとして必要なことを学んでいったような気がします。

――そのころから芸人さんの番組に関わりたいという思いはアピールしていたんですよね。

当時のニッポン放送は芸人さんの番組が少なくて、ナインティナインさん、オードリーさんのオールナイトニッポンくらいしかなかった。だから、両方の番組を担当していたディレクターの宗岡 (芳樹) さんに「ADをやらせてください」とお願いしていました。ただ、オールナイトニッポンのADをやるには、ある程度のステップを踏む必要があって。先輩から出された課題に半年くらいかけて応えていって、ようやくADに入れたという感じですね。

番組を担当することは、パーソナリティの人生を背負うこと

――入社3年目には、念願だった芸人さんの番組（『アルコ＆ピースのオールナイトニッポン0（ZERO）』）でディレクターを務めたんですよね。

逆にお笑いがやりたいって騒いでいたのが僕くらいしかいなかったこともあるんですけど（笑）、社内でアピールはしてましたからね。当時は「俺がやらなきゃ誰がやるんだ」くらいのテンションで。

――ディレクターになってみて、理想と現実の狭間で葛藤を感じるようなことはありましたか？

ディレクターとしての自分のことよりも、とにかく番組をおもしろくするためにできることは何か考えていました。間近で番組が終わるのを見てきて、「自分たちはパーソナリティの人生を背負っているんだな」と思うようになったので。オールナイトニッポンのような番組が終わると、若い芸人さんは「勢いがなくなった」と思われたりもするんですよ。そんなことはないんですけど。番組を終わらせることで、パーソナリティの人生を狂わせてしまうかもしれな

い。だからこそ、番組をおもしろくして、パーソナリティが評価されるためにできることをやろうと。

――結果として、毎回ドラマのようにコントを展開する、ほかにはない番組になりましたよね。

パーソナリティであるアルコ&ピースのおふたり、構成作家の福田（卓也）さんという才能のある人たちの力でおもしろい番組になりましたが、僕はクリエイティブを発揮したというよりは、とにかく一生懸命だっただけで。毎週特番を作るような特殊な番組だったので、あらゆるラジオのパターンをひと通り経験しましたし、新しいことにも挑戦していました。

当時は僕も福田さんもトガっていて、「誰がやっても同じ番組にはしたくない」「俺たちにしかできないものを作ろう」と、異常なやる気だったんですよ。最初は自分たちでおもしろがっていただけでしたが、だんだんSNSを通じてウケがわかったり、局内にもファンができたりして、ようやく「大丈夫、おもしろいんだ」と思えた。そうかと思えば、年齢が上の人に「つまらない」と言われて傷ついたり。そんな毎日でしたね。

それでも、番組は3年で終了してしまいました。最終回の日、出待ちのリスナーが500人ぐらい集まったのを知ったニッポン放送の人たちが「あの番組、おもしろかったんだね」と言ったんです。そのとき、番組が終わったのはディレクターである自分の責任だと思いました。ただおもしろい番組を作るだけでなく、その人気を証明し、説得力のある結果を周囲に示さなければダメなんだと気づいたんです。

――それで「番組を終わらせない」という思いが、ますます強くなっていったと。以降も石井さんは多くの人気番組に携わるようになりますが、ほかにディレクターとして意識していたことはありますか?

パーソナリティとは適度に距離を置くようにしていました。後輩にも「パーソナリティの友達やファンになってはダメだ」と言っていたんですけど、番組全体が内輪っぽい空間になると自分たちを客観視できなくなって、なんでもおもしろくなっちゃうんですよ。特にディレクターは番組のリーダーなわけですから、番組に適度な緊張感を保ったほうがいいと思います。

自分が関わるものに限らず、緊張感のある番組が好きなんですよ。みんな仲よしで、ゆるい感じでやってるような空気感が苦手で。感覚的な話ですが、いい番組はパキッとしている。メールの読み方からパーソナリティがちゃんと準備をしていることが伝わるし、音の使い方ひとつとっても、スタッフにちゃんと意図があって計算していることが伝わってくる。そういう番組が好きですね。その緊張感があるからこそ、生放送ならではのミスやアクシデントもおもしろくなると思うんです。

どの仕事もそうですよね。手を抜いて、「ま、いっか」と思った瞬間に崩れていく。いいものを作るって、つらいことですから。それで「面倒くさい」と言われたりすることもありますけど、おもしろいものが作れるなら、好かれなくてもいいと思っているところはあります。

ラジオを広めるためにできることを

――現在所属しているニッポン放送のエンターテインメント開発部では、どんなお仕事をされているのでしょうか。

プロデューサーという立場で、イベントを中心とした企画を手がけています。番組イベントなどはディレクターとしてやってきたことと業務が近いのですが、今は会場や予算、スタッフなども自分で決めることができるので、楽しいというか、やりやすいですね。

パーソナリティや事務所のマネージャーさんと顔見知りなので、どんどん企画を持っていって話を進めることができるし、場合によってはイベントの演出までやることもあるので、ディレクターとしていろんな番組に関わってきた経験が活かせているんじゃないかと思います。

――番組スタッフ側の状況や考え方も理解できていると、話が進めやすいんでしょうね。

そうですね。番組にとってはイベントが負担になることもありますが、経験上、無理のない範囲は、ある程度把握していますし、番組側が嫌がるような内容を避けることもできるので。関係性があり、番組が持つ温度感みたいなものがわかると、やっぱり話は早いんですよね。

(新型コロナウイルスの)緊急事態宣言によって『佐久間宣行のオールナイトニッポン0(ZERO)』のイベントが中止になったとき、開催予定日に急きょ配信イベントを実施したんですけど、それも僕が番組のディレクターをしていたから間に合ったところもあって。中止が決まった瞬間、佐久間さんに配信イベントを打診し、作家さんにタイトルを依頼して、ロゴデザインの発注準備まで進めていましたから。ただ、逆に経験のないお金の管理などは、まださじ加減もわかっていないので勉強しているところです。

――立場は変わっても変わらないもの、大事にしていることなどはあるのでしょうか。

それは人ですね。ディレクターも一緒に番組を作る人を選びますが、プロデューサーになってさらにその範囲が広がりました。結局、ほかの人がいい仕事をしてくれるから、自分の仕事が成り立つわけで。人を巻き込むのは得意だし、誰と仕事するかは、変わらず大事にしています。優秀かどうかもありますけど、僕の場合は人として合う／合わないのほうが重要で。合わない人と仕事をしても、お互いにストレスを溜めるだけだと思うんです。あとは熱意。熱意のある人と一緒に仕事をしていると、こちらもやる気になりますから。

――番組イベント以外にも、取り組んできた企画はありますか？

企業からニッポン放送と番組を作りたいというオファーをいただいて、ラジオではなくネットで音声コンテンツを配信する企画を進めたり、ラジオドラマを企画したりもしてきました。

今もあれこれ計画していますが、結局何がしたいのかというと、ラジオをもっと広めたいんです。映像の世界にサブスクリプションの波が来たように、音声の世界もコンテンツの可能性が広がっているし、ラジオ好きの若いクリエイターから声をかけてもらえる機会も増えました。ラジオを軸にもっとおもしろいことができそうで、楽しみなんです。

インプットはサボって、好きなことをやる

――SNSなどを見るとゲームに没頭したりすることもあるようですが、石井さんの「サボり」について聞かせてください。

最近はけっこうサボってるかもしれないです。サボるのって大事ですよね。映画を観たり、ゲームをやったり、YouTubeを観たり、好きなことにちゃんと時間を使うということなんです

けど。頭を空っぽにするのにもいいし、考え事をするのにもいいから、散歩をする時間も好きです。散歩することで、自分の中で考えが整理されているような気がします。

――好きなことをするのは、インプットの時間というわけではない？

違いますね。ディレクター時代は「これも観ておかなきゃ」という気持ちでいろんな作品を追っていましたが、そういうのはやめて、自分が観たいものを観て、やりたいことをやっています。話題のドラマであっても、自分がおもしろいと思えなければ観ません。そういう意味でもサボってるんですよね。でも、今のほうが精神的に健康だと思います。

インプットだと思うと、何をしても楽しくないんですよ。テレビを観てもラジオを聴いても、作り方やキャスティングが気になってしまう。純粋に楽しめなくなるんですよね。YouTubeも、再生数の高いものはヒットの背景を考えてしまうから、自分の成長や学びになんの関係もないゲーム実況なんかをダラダラ観ています。無駄だけど、最高なんですよ（笑）。

――仕事としてコンテンツに関わっているだけに、そこから離れる時間を大事にしているんですね。

以前は精神的にも余裕がなくて、常に何か生産的なことをしていないと落ち着かなかったんです。スマホから手が離せなくて、オフのときも「明日の番組どうしようかな？」なんて考えちゃって。

業務内容が変わり、少し余裕が出てきたことで、ようやく無駄な時間を楽しめるようになってきました。猫を小一時間抱っこしたり、ベランダに座ってぼーっと景色を眺めたり、ちょっと前なら考えられないような時間の使い方をしていて。あと、最近は睡眠の質にこだわってますね。スマートウォッチで睡眠時間や睡眠の深さを計って、それをもとに早めにベッドに入ってみたり、お酒を控えてみたり。健康のためというよりは、ゲーム的に楽しんでるだけなんですけど（笑）。

——猫の写真もSNSによくアップされていますよね。

在宅ワークをするようになって、猫との時間が増えたんです。会議中に「部屋の中に入れろ」って大騒ぎするので、会議が終わったら中に入れて、10分くらい戯れて仕事に戻る。ちょっとしたサボり相手ですね。ただ、こちらがヒマなときに限ってそっけなかったりするんですけど。

（2021年7月取材）

石井 玄にとってのサボりとは……

好きなことを
純粋に楽しむ
時間

好きなことに
意味を求めない

「出会いを大切にしながら、自分と向き合っていく」

［画家］

塩谷歩波

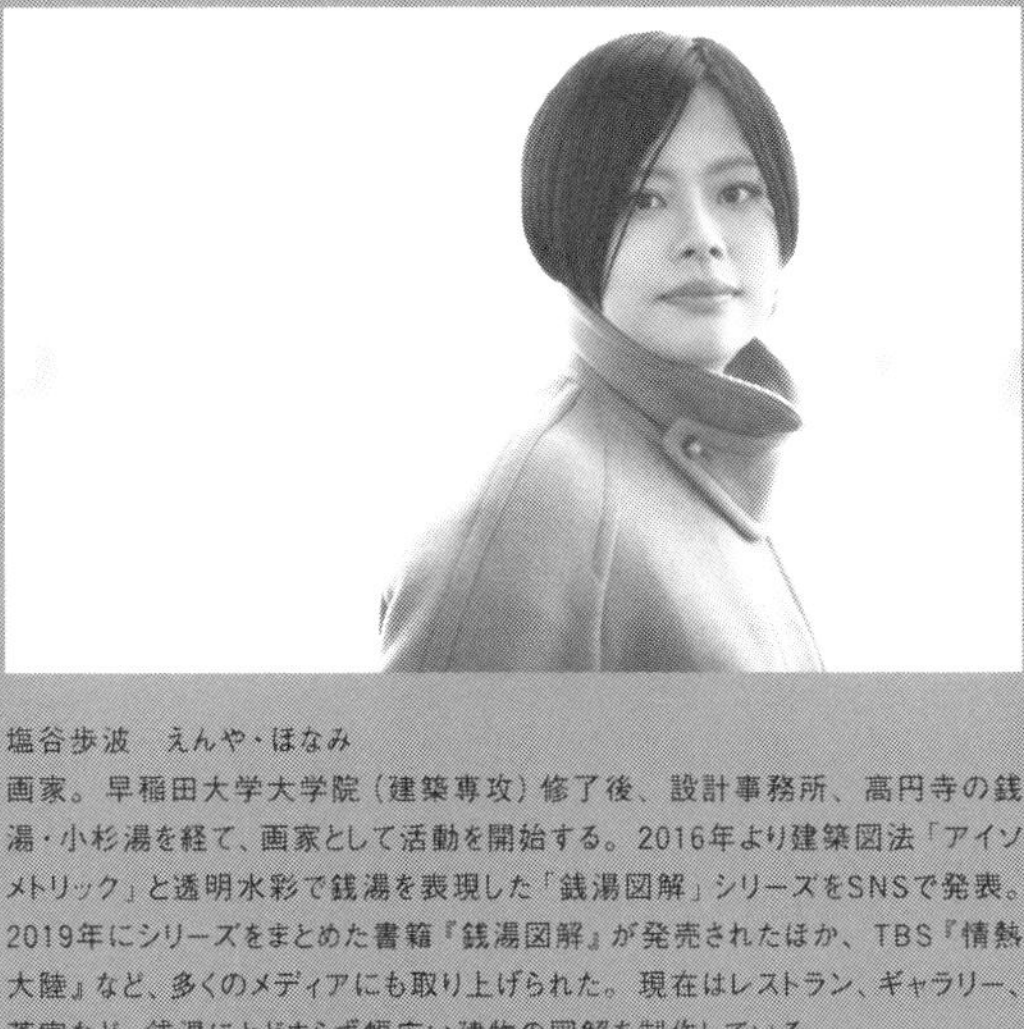

塩谷歩波　えんや・ほなみ
画家。早稲田大学大学院（建築専攻）修了後、設計事務所、高円寺の銭湯・小杉湯を経て、画家として活動を開始する。2016年より建築図法「アイソメトリック」と透明水彩で銭湯を表現した「銭湯図解」シリーズをSNSで発表。2019年にシリーズをまとめた書籍『銭湯図解』が発売されたほか、TBS『情熱大陸』など、多くのメディアにも取り上げられた。現在はレストラン、ギャラリー、茶室など、銭湯にとどまらず幅広い建物の図解を制作している。

どん底の気分から救ってくれた、銭湯との出会い

——塩谷さんは建築図法で銭湯を描いた「銭湯図解」をきっかけに絵をお仕事にされたわけですが、それまでにいろいろな体験や出会いがあったそうですね。

はい。大学で建築を学び、設計事務所で働いていました。でも、大学時代に思うような成績が取れなかった悔しさなどから、がんばりすぎて体調を崩してしまったんです。病院の先生に3カ月休職するように言われて、「もうこの業界でやっていくのは無理かもしれない……」とだいぶ落ち込みました。

そんなときに、同じように休職していた知り合いに誘われて、銭湯に行ったんです。久しぶりの銭湯は、身も心も疲れていたこともあり、めちゃくちゃ気持ちよくて。「こんなにゆっくりできるの、久しぶりだな」ってすごく感動したんですね。そこから、いろんな銭湯に行くようになりました。

——そのよさをイラストで表現しようとして、「銭湯図解」が生まれたと。

当時、友達とTwitterで交換日記のようなことをしていたんですけど、その子に自分が好きな

銭湯について知ってもらおうと思って描いたのが、「銭湯図解」なんです。その絵が銭湯好きの方々の目に留まって。「いいね」をもらえたのがうれしくて、どんどん絵を描くようになったという感じですね。

自分が感じたものをよりよく伝えたくて、描き続けた

――もともと絵を描くのは好きだったんですか？

子供のころから絵は好きで、美大への憧れなんかもあったんですけど、私よりめちゃくちゃ絵がうまい転校生が現れて……。そこで「絵は仕事にできないな」と思い知って建築の道を選んだこともあり、ずっと絵に対する挫折感は拭えなかったんです。でも、絵が好きだし、描いていて楽しいという気持ちはあって。

「銭湯図解」も最初は走り描きみたいなものでしたけど、反応をもらううちに「私が銭湯で感じたよさはこんなものじゃない」「もっと描ける」と、自分が感じたものをよりよく伝えたくなって、試行錯誤するようになりました。最初から建築図法は使っていましたが、浴室をきちんと測量し、より詳細に描くようになったり、水の光の照りを描こうと工夫したり。そうやってアッ

プデートしながら描いているうちに、だんだん絵がうまくなっていって、描けるものも増えていきました。

──画材なども最初から決まったものを使っているのでしょうか。

いや、道具も試行錯誤していていて。最初はスケッチブックに描いていたのが、水彩紙になって、今はコピー用紙に下描きを描いて、それを水彩紙にトレースして色を塗るようになりました。絵の具も銭湯のタイルのきれいな色が出せるものを探したり。

ペンも、ミリペンから製図用のペンにしたものの、ちょっと線が強いから万年筆にして、インクも自分で調合したりしました。でも、ちょっと線が柔らかすぎるなと思って、結局ミリペンに戻したっていう（笑）。

──実際に銭湯に行って取材する場合は、オープン前に浴室を採寸されているんですか？

営業開始の1時間前くらいに伺って、実測します。ひとりでばーっと測って、だいたい30分くらい。それから20分くらいで写真を撮って、あとは店主の方とおしゃべり。オープンしたら、

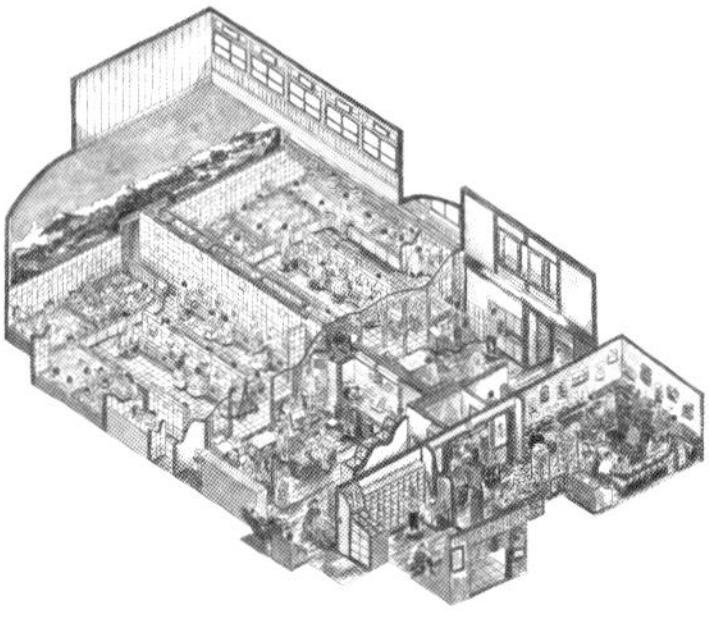

高円寺の銭湯「小杉湯」の銭湯図解

お風呂に入らせてもらって帰るっていう感じですね。

建築と銭湯、共通するもの、違うもの

――「銭湯図解」を描き始めたことで、実際に「小杉湯」という銭湯で働く経験もされているんですよね。

いろんな銭湯さんから図解のご依頼をいただくようになるなかで、小杉湯の3代目と親しくなったのがきっかけです。ハウスメーカーの営業をされていたこともあり、銭湯を戦略的に盛り上げようと考えているような方で。私も建築の知識を活かして、銭湯で何かできないか考えていたので、すごく仲よくなったんです。

復職したものの、やっぱり体調がついていかないという時期で、そのことを3代目に相談したら「うちで働けば?」と誘ってもらえたので、思いきって転職することにしました。「銭湯図解も描き続けたらいいじゃん」と言ってもらえたので、「番頭兼イラストレーター」と名乗って絵を描きながら、受付や掃除といった業務から、イラストつきのPOP作り、メディア取材やイベント対応といった広報業務など、いろんなことをやらせてもらいましたね。

自分で企画をすることもあって、「夏至祭」というイベントを開催したりもしました。フィンランドに行った経験があまりにも感動的だったので、フィンランドを紹介するようなイベントを小杉湯でやろうと。そうしたらすごく話が大きくなって、フィンランドの大使館が後援してくれることになって。

――だいぶ大きな話になりましたね。

フェスみたいな感じでしたね。フィンランドを紹介するトークイベントをやったり、フィンランドのビールを販売したり、ヴィヒタという白樺を入れたお風呂にしたり。あとは、サウナブームのちょっと前だったのですが、空き地になっているスペースを使ってサウナマーケットもやりました。

――設計事務所とは異なる分野で働いてみて、得たもの、感じたことなどはありますか？

分野は違いますけど、銭湯の仕事は建築に通じる部分も多かったと思います。建築を学んでいたとき、場所や家族構成などの設定をもとに「この家族にとって住み心地のいい家とは？」といった課題に取り組んでいましたが、小杉湯でも「この問題を解消するために、こんなイベントをやってみたらどうか」といった頭の使い方をしていたので。

違いを感じたのは、物事の進み方や距離感ですね。建物が建つまでには何年もかかりますけど、銭湯では絵を描いたら翌日には「いいね」と言ってもらえるような早さや近さがありました。あと、建築は多くの人の手を介してひとつの建物ができ上がりますけど、絵だったら「これは私の作品です」と堂々と言えるのもうれしかったですね。

描きたいのは、人が楽しんでいる幸せな空間

――「銭湯図解」は、銭湯を楽しむ人たちが生き生きと描かれていることも魅力のひとつですよね。その点についてのこだわりはありますか?

建築の絵はあまり人を描き込まないのですが、大学での師匠にあたる方から「絵の中に人がいなかったら、建築、死んでるよね」と言われたことがあって。ずっとその言葉が心に残っていて、「銭湯図解」でも人を描くようになったんだと思います。

それと、もともと奇抜な形の建築よりも、人が集まる様子や物語が感じられる建築のほうに惹かれるタイプだったんです。屋根の上に子供たちが足を出すのにちょうどいい手すりがあるとか、そういう建築のほうがドラマチックで素敵だなと思っていて。人が楽しんでいる幸せな空間を描きたいという気持ちが、絵に表れているのかもしれません。

――絵に描かれた人々の様子は、実際に銭湯で見た光景がベースになっているのでしょうか。

そうですね。子供がお風呂を出た瞬間にパッと逃げて、お母さんがタオルを持って追いかける場面など、銭湯でよく見かけるシーンを絵にすることは多いです。取材で銭湯に行ったときも、一番うれしくなるのはハプニングに遭遇したとき。人との出会いも、銭湯のよさだなって思います。人と目が合ったらまずニコッとして、「いけそうだな」と思ったら話しかけてみたり。そうすると、「このお風呂熱いでしょ?」とか、「この時間はいつもこんな感じなの」とか、いろいろとネタをくださるんですよ。

中にはクセの強いおばちゃんもいたりして、地方の銭湯で「背中洗ってあげるわよ」って、自分の体をめっちゃ洗ったタオルをそのまま背中に持ってこられたこともありました(笑)。「さすがにそれは……」と思いましたけど、そういうハプニングがあると、なんだかうれしくなっちゃうんですよね。

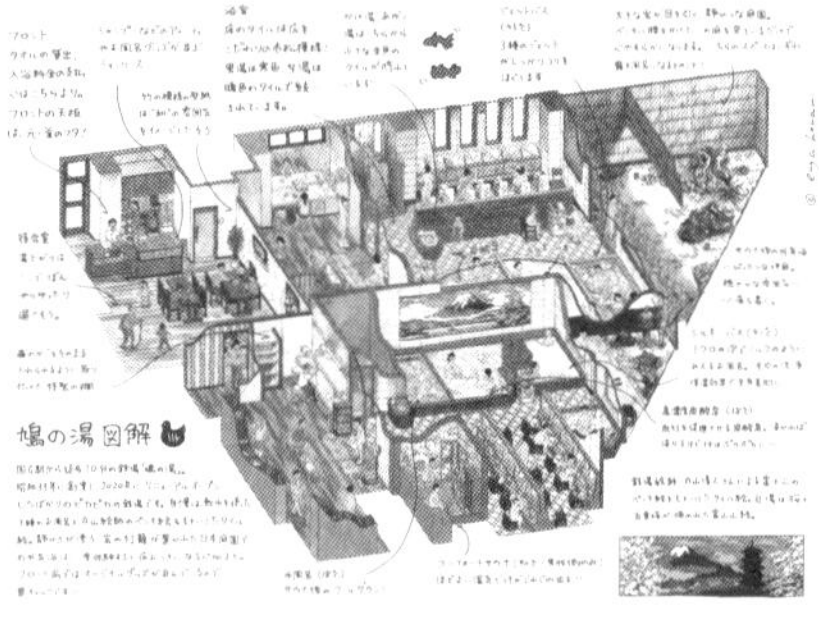

国立の銭湯「鳩の湯」の銭湯図解

――実際に体験したこと、感じたことが表現されているので、より親しみを覚えるんでしょう

ね。でもお風呂にいると、せっかくのネタもメモできないですね。

私はそういう思い出やエピソードって、紙に残したくないんですよ。覚えておきたいというか。一回行った場所は全部覚えていたりするので、目で見たものに関する記憶力はいいほうなんだと思います。

「銭湯図解」を本にする話をいただいたときも、ガイドブック的な銭湯の情報というよりも、私が感じたその銭湯のよさや、そこに置いてきた感情、帰りに食べた焼き鳥がおいしかったといった思い出をちゃんと伝えたいと考えていました。

描くものも、描き方もどんどん広げていく

――ちなみに、塩谷さんが「いい銭湯だな」と感じるのは、どんな銭湯なのでしょうか。

2パターンあるんですけど、ひとつは大切に使われていることがわかる銭湯ですね。掃除も行き届いていて、自分の銭湯を愛してるんだなって伝わるような銭湯。もうひとつは、とんでもなく建物がいい銭湯。すごみを感じるような、歴史のある古きよき銭湯はカッコいいと思います。

地方に行くと、ものすごく古くてカッコいい銭湯が残っていたりするんですよ。初心者には

ちょっとハードルの高いところもあるんですけど。ロッカーが歯抜けになっていて、扉がないとか。「荷物はどうするんですか?」って聞いたら、「私が見てるから大丈夫じゃない?」って(笑)。その歯抜けのロッカーには誰もいないのに荷物が置いてあって、常連さんが置きっぱなしにしてるんですよ。人の家みたいな状態(笑)。でも、それが愛おしい部分でもあるんですよね。

——現在は独立して絵を仕事にされていますが、銭湯以外のものを描いていて、違いを感じることなどはありますか?

そこに息づく人を描くということは変わらず大切にしていますが、シンプルに「服を描くのって大変だな」と思うことはありますね(笑)。「なんで服なんか着てるんだろ?」って理不尽なことを考えたりしちゃいます。

あとは、「この劇場のスタッフを全員描いてほしい」とか、その場に関わる一人ひとりに愛情を込めたご依頼が増えたのは、すごくうれしいです。以前は説明や紹介のためのツールとして図解が捉えられていたけれど、「自分の宝物にしたいから、その場所にいる人たちを入れたい」と言ってもらえることが増えて、だんだん絵としての価値を認めてもらえるようになったのがありがたくて。

——これまで描かれたものの中で、変わったものなどはありますか?

ある茶室をリモートで描いたことがあって。昔からある、すごく渋くてカッコいい茶室なんですけど、用意された資料が「本当に測ったのかな?」っていう図と、数枚の写真しかなくて大変でしたね（笑）。けっこう有名な建物ではあったので、ほかの文献も自分で探しながらなんとか描きました。

でも、茶室はもっと描きたいなと思いましたね。壁のシミを描くのも好きなので。ピカピカの建物よりも、いろんな人が使ってきたことがわかる、歴史が感じられる建物のほうが愛着を持てるんです。廃墟なんかも好きですし。「そこに人がいた」という形跡を描きたいんだと思います。

――今後の展望として、描いてみたいものなどについて聞かせてください。

これからもご依頼いただいたものを描くのはもちろん、自分で「描きたい」と思えるものも見つけていきたいと思っています。今、興味があるのは、神社仏閣ですね。京都の三十三間堂に千手観音がずらっと並んでいたりするのを見ると、無性に「描き

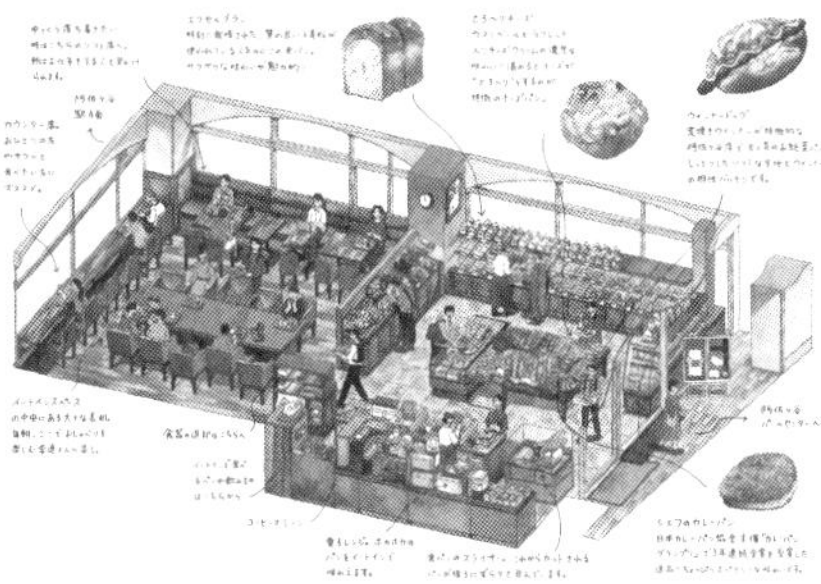

ベーカリーカフェ「サンジェルマン」の図解

たい……!」って思うんです。大変そうなものほど描きたくなるというか。

あとは海外の建物、世界遺産も描いてみたいし、車の断面なんかも描いてみたい。どんどん描くものの幅を広げていきたいし、図解にこだわらず、表現の幅も広げてみたいと思っています。

巡り巡って、生活がサボりになった?

――銭湯はサボりやリフレッシュの定番ツールでもあると思いますが、塩谷さんはどのように銭湯を楽しんでいたんですか?

小杉湯で働いていたころは、週8くらいで銭湯に行っていましたね。毎日小杉湯に入るのと、小杉湯+別の銭湯で1日に2回入る日もあったので(笑)。あつ湯に入ってから水風呂に入るという交互浴がすごく好きなので、それを繰り返しながら1時間半くらいしっかり楽しむんです。

それこそコロナ前は、ランニングをしてから銭湯で汗を流して、お酒を飲んで帰るのが好きでしたね。銭湯の番頭さんに「このあたりにおいしいお店はないですか?」って聞いたりして。

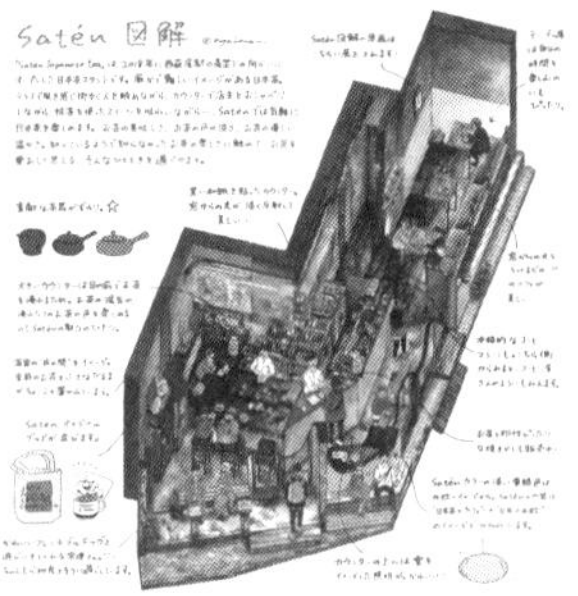

日本茶スタンド「Satén japanese tea」の図解

――サボりやリフレッシュというより、生活の一部だったんですね。今のほうが銭湯をリフレッシュとして楽しめたりするのでしょうか。

今でも銭湯は好きですけど、最近は「無理に切り替えなくてもいいんじゃないか」と思うようになってきたんですよね。独立してひとりで過ごす時間が長くなると、怒りや悲しみの感情を引きずってしまうこともあるんですけど、無理に切り替えようとすると逆にストレスが溜まる気がして。

生活をしていても、銭湯に行っても、抱えている感情や考え事を捨てずに煮詰めていく。そうすると、だんだんネガティブな感情が消えたり、問題の捉え方が変わったりするんですよ。絵がうまく描けなくてムカムカしていたのが、「『描けない』と思うってことは、今は成長のタイミングだから、もっとうまくなるはず！」って思えるようになるとか。

――大事なのは向き合うべき感情から逃げないということなんでしょうね。息抜きの必要がないということではなくて。

そうですね。息抜きになる瞬間もあるので。お茶が好きなんですけど、自分でお茶を淹《い》れて飲んでいると、頭がフッと落ち着くとか。中国茶って、1回淹れた茶葉が7回くらい使えるんですよ。それも一度にまとめて淹れちゃったほうがラクなのに、毎回お湯を沸かして淹れていて。そういう時間は好きなんです。

以前は、息抜きすら大事にしていない時期もありました。絵を描くことを重視しすぎて、家事に時間を取られるのがイヤで、生活を外に追いやっていたんです。家のお風呂場をクローゼットにしたり、洗濯もコインランドリーで済ませたり……。設計事務所時代ほどじゃないですけど、同じように絵だけを優先してしまっていて。

最近になってようやく、生活を充実させると、意外と仕事も充実することがわかってきたんですよね。最初は「なんで私が洗濯しなきゃいけないんだろう?」ってぶつくさ言いながら家事をしていたんですけど、続けるうちにだんだん楽しくなってきて。今では必要以上に自炊したり、お風呂掃除に異常に時間をかけたりするようになりました。

――仕事を中心とした一日の中に、「生活」というサボりを取り入れるようになったとか……?

そうなんですよ。家事をするようになってから体調がよくなり、朝、ランニングするようになって体力がつき、頭も冴えるようになりました。仕事の効率を上げることを追求していたら、結果的に「普通の暮らし」にたどり着いたというか。「生活」を再発見しましたね(笑)。

(2022年2月取材)

塩谷歩波にとっての
サボりとは……

仕事を
充実させるための
「生活」

普通の暮らしを
大事にすることも
ひとつのサボり

「何もせず、ぼんやりと考えを巡らせる時間も大事」

［ファッションデザイナー］

森永邦彦

森永邦彦　もりなが・くにひこ
ファッションデザイナー。東京都出身。早稲田大学社会科学部在学中にバンタンデザイン研究所に通い、服作りを始める。2003年、自らのブランド「ANREALAGE」を設立。2014年にパリ・コレクションに進出し、以降は毎年公式参加している。2019年、フランスの「LVMH PRIZE」のファイナリストに選出。同年に第37回毎日ファッション大賞を受賞。

日常の境目から変化や気づきを生み出す

――まず、「ANREALAGE」とはどんなブランドなのでしょうか。

「日常（A REAL）」と「非日常（UN REAL）」と「時代（AGE）」を組み合わせたブランド名のとおり、その時代、そのときにおける日常と非日常の境目を表現しているブランドですね。まさに今は非日常が日常になっちゃってますけど、本来は日常も非日常も混在して常に同時にあると思っていて。その境目を自ら作り出すことで、気づきやファンタジーが生まれ、人を驚かせることができるんじゃないかと考えています。現在の主な活動は、年に2回あるパリ・コレクションでの新作発表なので、そこに向けて日々新しいものを作っているところです。

――服作りは日常を疑い、観察することから始まるんですね。

そうですね。「誰もが当たり前だと思うこと」をどう探すか、というところから始めています。最近だと、天と地を逆転させるコレクションを発表しましたが、それもまず、「地面は下にあって天は上にある」という前提が崩れているんじゃないかと思ったことがきっかけです。コロナ禍によってリアルなショーができなくなり、デジタルショーに変わったことで、みんながスマホを回しながらコレクションを見るようになった。そうなると、画面の中では天地はなくなっているといえるわけですが、それを当たり前のこととして通り過ぎていいのかと……まあ、そんなふうに考えるのが好きなんでしょうね。

――コレクションに向けて、どれくらい前から動き出すんですか?

だいたい3カ月前くらいですかね。半年に1回あって、発表後の3カ月はその新作を量産するなど、意外と時間がないんですよ。その間もコラボレーションや別注アイテムの展開などがあるんです。

2021-22年秋冬コレクション『GROUND』より。ランウェイを歩くモデルは天に支えられ、服の模様などが地に引き寄せられているように見える。

「日常」でつながっていく多彩なコラボレーション

――「ANREALAGE」はさまざまなパートナーとのコラボレーションも精力的に行って

いますが、その際も考え方は変わらないのでしょうか。

やっぱりベースにあるのは日常ですね。日常を支えるものをデザインすることで、当たり前の生活に少し変化をもたらす。そういった取り組みを衣食住の「衣」だけにこだわらずやっています。自動車であったり、建築みたいなものであったり。

最近取り組んだのも、アニメーションの衣装デザインという初めての分野で。細田守監督の『竜とそばかすの姫』という映画内の衣装の一部を担当したのですが、バーチャル世界に存在する美の基準を超越したキャラクターの衣装という、スケールの大きなテーマでした。このときは制約がないことで、自分が今やってみたいと思う実験的なことをストレートにぶつけることができましたね。1秒おきに変化していく洋服とか、山のようなスケールの洋服とか。

――物理的な制限がないので、イメージをそのまま表現できそうです。

そうですね。細田さんは「ANREALAGE」が日常と非日常をテーマにしていることを知っていて、「普通のデザイナーではない人にお願いしたかった」と言ってくれて。僕らもちょうど3Dなどのデータでどう造形するか、といったアプローチを始めた時期で、3Dデータによるデザインを思う存分試させてもらった感じでした。最終的には2Dのアニメーションに起こしてもらうんですけど。

――多ジャンルとのコラボレーションについて、ほかに興味のある分野などはありますか？

個人的に興味があるのは、医療の分野ですね。ここ最近はマスクや抗菌など、人を守るためのメディカル技術とファッションのつながりについて考えていました。ファッションとは縁遠い印象があるけれど、人の命を救うことも、洋服を生み出すことも、針と糸が必要という点では共通しているんじゃないか、とか。

メモを整理していくことでアイデアにつなげる

――森永さんにとっての創作のベースである日常の気づきとは、自然と思い浮かぶものなのでしょうか？

毎日メモを取っているので、それをまとめる作業や、人との対話などを通じて形にしていくことが多いですね。自分だけのＬＩＮＥグループを作っていて、そこに思いついたことや気になるワードを投稿しているんです。それを毎日振り返ったり整理したりしつつ、週に一度、ノートにまとめています。ノートにＬＩＮＥの画面や保存していた画像をプリントアウトして貼りつけ、思ったことを書き込むという手作業を通じて、考えを血肉化しているイメージですね。その時々で気になったものをまとめるノートのほか、プロジェクトごとにもノートがあって、フォルダ分けするような感覚で使い分けています。

メモをもとに社内で展開する週報も書いているのですが、こちらはもうちょっとコミュニケーションを意識していて、自分の考えていることや、デザインのヒント、「ANREALAGE」のあり方などを社員と共有するようにしています。素敵な時間表現があったとか、○○さんがこんなことを言っていたとか、あのコレクションがよかったとか。リモートで作業するようになってからは、ますます書く分量が増えました。新しく入った社員のために、うちのグラフィックデザイナーがどんな人なのか書いてみたり。

物事を両極から捉え、服に落とし込む

――コミュニケーションという意味で、森永さんが世の中に作品を届ける上で意識していることはありますか?

「ファッション」という言葉が壁を作ってしまうというか、敷居が高いものだと感じられてしまうこともあると思うんです。そこで、どうわかりやすくするかは意識していますね。ファッ

ションを知らない人でも、何か伝わり、感じてもらえるような服にしたい。太陽光で色が変化する服を作ったり、天地が逆転した服を作ったりするのは、そういう意図もあるんです。わかりやすいものというのはけっこう難しくて、「子供に『日常』ってどう伝えたらいいんだろう？」とか、「初めて『日常』という言葉を知った人は、そのときどう感じるんだろう？」とか、いろんな視点で考えるようにしています。

ただ、わかりやすさのみにこだわっているわけではなく、常に両極を見ているのかもしれません。思考のプロセスとして、対象と真逆にあるものから考えることが多くて、真逆のものが見えてくると、もとの対象が認識できるというか。だから、わかりやすいファッションを考えるほどに、誰にも伝わらないものが見えてくるし、そのよさが際立ってくることもある。そういった両極を行き来しているような気がします。実際、テクノロジーに特化したかと思えば、アナログにこだわるときもあるし、複雑な造形とシンプルなデザインを行き来することもあるので。

光と影があるなら、その両方を表現したいんです。影が光に逆転するような瞬間もおもしろくて。物事の両極や、その逆転を一番表現しやすいのが、僕にとっては服なんですよね。日常になじんだ当たり前の存在だけど、ちょっとしたことで着ている人の気持ちや、見える景色を変えられるかもしれない。これからもそんな服を作っていきたいと思っています。

100年後、洋服はどうなっているか

「ANREALAGE」として、今後のビジョンや目標などはありますか？

ブランドを立ち上げたころは、パリ・コレクションで自分たちがどのくらい通用するか見てみたいと思っていました。実際にパリに行ってみると、やっぱりそれだけでは満足できなくて、今度は自分たちより大きいブランドと一緒に仕事をすることを目指して。それもFENDIとのコラボレーションといったかたちで実現して、今は「さあ、次はどこに行くかな」と思っているところです。

2023年で「ANREALAGE」設立から20年になるんですけど、日本で残っていくブランドってすごく限られているので、欲を言えば「ANREALAGE」を50年、100年残したいという思いもあります。僕じゃない人がデザインして、僕よりもブランドが長生きしていってほしい。そのためには、芯のあるビジョンや、僕がどんな思いで「ANREALAGE」をやっていたのかを、次の世代に受け継いでいく必要があると考えています。

ファッションブランドって、続いてもせいぜい100年ぐらいなんですよね。建築や食文化

なんかは、もっと昔から受け継がれているのに。100年後にはもう今のような服は着てないかもしれないけれど、人がいる以上、洋服は絶対に存在すると思うんです。そういった未来を想像するのも、ちょっと不思議というか、ドキドキしちゃいますよね。

何も考えていない時間が、アイデアのきっかけに

――森永さんのサボり方について伺いたいのですが、森永さんってサボらないですよね……?

サボるっていう感覚はないかもしれません。いろんなことに追われているなかで、何も進まない時間があると焦ってしまうので、できるだけ仕事をしていたいというタイプではあります。40歳を過ぎて、体力的にも全力で仕事できる時間は限られてきているから、動けるうちは隙間なく活動していたいというか。でも、サウナに行ったりもしますよ。考えがクリアになるからなんですけど。

あと、深夜にぼーっとしている時間があって。声をかけられても気づかないくらい無心の状態で、30分〜1時間ぐらい過ごすんです。一日の終わりにその日を振り返りながらメモを書いて、そのまま何もしないでぼんやりしている。まったくものを考えていないわけではないんですけど。

――ぼんやりした思考の断片が、脳内を浮遊しているような感じですか？

そういう感覚はあるかもしれないです。頭の中で考えが分かれていって、広がる感じというか。やっぱり何か考えてはいるんでしょうね。コレクションが近くなると、テーマ関係のことをぼんやり考えることが増えますし。急に考えがつながったり、アイデアが形になったりすることもあって、バーッとメモをしたり。ただ、意識的に考えるのとは、ちょっと違うんですよ。

――逆に意識的にデザインやテーマを考える時間は、もうちょっとストイックだったり、システマチックだったりするんですか？

午前中にギュッと考える時間を設けて、答えが出なかったら寝かすという作業を、プロジェクトごとに時間割を作って進めています。その日にクリアする打率は3割くらいでいいかなっていう目標で。

無心の時間を生むルーティン

――いくつものプロジェクトを確実に進めていくには、システムも大事なんですね。では、本当に何も考えないような、頭も心も和んでいる時間はあるのでしょうか。

食器を洗っている時間は無心になれますね。食器は旅先で買うか、記念日に買うことが多いので、そのときのことを思い出したりはするんですけど、かなり無心に近くて。あとは、ベランダで植物に水をあげている時間なんかも好きですね。

――忙しい毎日の中に、無心になれるルーティンがちょっとずつ組み込まれているんですね。

そうですね。ルーティン化するのは好きかもしれないです。

――ちなみに、ほかに食器のように家で集めているものなどはあったりしますか？

もともと奥さんがシロクマ好きで、尋常じゃない量のシロクマが家にいますね。ぬいぐるみとか、スノードームとか、置き物とか、全部集結させると300匹ぐらいになると思います。一応選ぶ基準というか、こだわりもあって、作った人の意図が感じられるものじゃないとダメなんです。逆に同じメーカーの同じシロクマでも、縫製の感じが違うものがあって、そういうのは4匹いたりするんですけど。

（2021年6月取材）

森永邦彦にとってのサボりとは……

ぼんやりと
思考を泳がせる
時間

ぼんやりしているときも
思考は熟成する

「動き続けて、想像力を絶やさない」

［映画監督／脚本家］

筧 昌也

筧 昌也　かけひ・まさや

監督／脚本家。日大芸術学部卒業。映画『美女缶』がゆうばり映画祭グランプリなど数多くの映画祭で受賞し、2004年に劇場公開。以降も映画『Sweet Rain 死神の精度』、『トラさん～僕が猫になったワケ～』、『ゼロワン Others 仮面ライダーバルカン&バルキリー』、ドラマ『素敵な選TAXI』（フジテレビ）、『スナックキズツキ』（テレビ東京）などの監督作があり、『ザ・ハイスクールヒーローズ』（テレビ朝日）では脚本と監督を担当した。

映画好きになる前に、映画作りが好きになっていた

――映像の世界でお仕事をされるようになったきっかけは自主映画だと思いますが、いつごろから映画を撮られていたんですか？

15歳のときには撮っていましたね。幸運にも付き合ってくれる友達がいて、家にビデオカメラがあったから、というだけで、編集の概念も知らずにただカメラを回したようなものでしたけど。ちょっとお調子乗りで、お山の大将的なところがあったんでしょうね。監督になる人って、そういうタイプだと思うんですよ。大勢の人を巻き込んで、仕切れないとダメなので。

25年くらい前なのでスマホもパソコンもなく、撮りながら映画の作り方を覚えていったような感じでした。「カット割っていうものがあるんだ」とか。高校でも学園祭とか、何かと理由をつけて映画を作っていました。普通の都立高校なのに、「卒業制作があるんで、今日は学校休みます」とか言って、勝手に提出する必要のない作品を作ったり（笑）。そんな感じで10本くらい撮って、ようやく人様に見せられるものになったんじゃないかな。今の学生なら、2～3本でそれなりにまともな作品に仕上げて、YouTubeとかでアップしてるんでしょうけどね。

機材もよくなってますし。でも、我ながら不便な環境で面倒なことをしていたなと思いますが、それも含めておもしろかったんですよね。

――本当にゼロから作っていたんですね。映画好きになるよりも先に、映画作りが好きになっていたとか？

まさにそのとおりで。完成させることが目標じゃなくて、撮りたいから撮るっていう。作ることから始めたので、シネフィルと呼ばれるような映画オタクの側面がないんですよ。映画史的な文脈や発想というものが自分の中にはあまりなくて、そういう資質のある監督さんがカッコよく感じることもあります。

――それもひとつのスタイルなんでしょうね。では、ご自身の作風については、どのように考えているのでしょうか。

ファンタジーやSFの要素が入っているものは得意なほうかもしれません。自分で映画を撮るだけでなくマンガも描いていたからなんじゃないかと思うんですけど、賞に応募するにしても、寓話的な設定から始まったほうが読まれやすいというのがあって。リアリティのある設定は簡単に答え合わせができるぶん、ちょっとでも違和感があると読者に逃げられてしまうんですよ。10代が10代のリアルを描くことはできるけど、ちょっと大人向けの社会派マンガを描こうと思ったら、それなりに勉強しないとリアリティのなさがバレてしまう。その点、寓話的な世界は知識や経験を想像力で補いやすいので、マンガによく取り入れていたんです。

映画にしても、自主映画の映画祭に寄せられる作品って、自己を投影した内省的なものが多いんですよ。審査員は手分けして1000本ぐらいの作品を観るわけで、暗い作品ばかりだとしんどいじゃないですか。その中に少しファンタジー要素のある作品があると、それだけでポップに見える。入口だけでもポップで入りやすいものにしておきたいなとは、自分で映画を作り始めたころから考えていました。

――人に届ける、ほかと差別化するための工夫が、いつしか武器になっていったんですね。

映像の仕事をするようになってからも、企画として通りやすいもの、周囲からオーダーされやすいものは、ファンタジーやSFテイストのある作品ですね。ただ、長いことやっているうちに、それがやりたいことなのか求められているものなのか、どっちかよくわからなくなってきて（笑）。自分の個性というものをあまり意識しなくなってきました。

――いろんな条件で作品を作りながらも、にじみ出てくるものが個性だと言われることもありますからね。

そうですね。もちろん、いろんなジャンルの作品に取り組みたいという思いもありますし。

ちょうど久々にファンタジー要素ゼロのドラマ（2021年のテレビ東京ドラマ『スナックキズツキ』）のお話をいただいていて、ちょっと張りきっているところです。

軸足にこだわらず、漂うようなスタンスで

――監督のほかに脚本やマンガ、イラストなども手がけられていますが、考え方やアプローチの違いはありますか？

意識的に別の仕事に取り組むことはありますね。5年くらい前までは監督に専念していたのが、最近はできるだけ脚本を書くようにしているとか。ずっと同じことをしているよりも、立ち位置を限定せず、いろんなところを漂うようなスタイルが好みなんです。映画監督がゴールで、「映画が一番！」みたいなスタンスがちょっと苦手で。筋の通った美しさはあると思うし、そうなれない自分にコンプレックスを抱いていたこともあるんですけど。

人に対しても、メインとなるA面よりも、別の顔、B面の部分が気になったりするんですよね。小柳ルミ子さんの熱狂的なサッカーファンの一面とか、すごいじゃないですか。自分の好きなことでも、「仕事」になった瞬間にちょっとつまらなくなるというか。お金をもらわなくてもやっ

てしまうことのほうが、その人の人間性を表しているんじゃないかと思うんです。

映像業界にはいろんな役割があって、自分も監督や脚本だけでなく、編集をするようなこともあって。わりと器用なので、CGを勉強したら10年ぐらいでけっこうかたちになるかもしれない。だから、今の仕事がベストなのかもわからないし、B面がメインの仕事に変わる可能性だってある。それでもいいと思うんです。メインに縛られず、曖昧にぐちゃぐちゃしている状態が好きで、そういう柔軟な部分は残したいと思っています。

――脚本をやることが監督の仕事にフィードバックされるような、軸足を定めないことのメリットはあるのでしょうか。

テレビシリーズの『仮面ライダーゼロワン』(テレビ朝日系)は、もともと脚本のみの参加だったんです。映像のプロジェクトで脚本だけ書くのは初めてだったんですけど、現場を客観的に見ることができて、すごく新鮮でした。その体験は監督業にも活きていると思います。

――その後のVシネマ作品『ゼロワン Others』シリーズでは監督を務められていますよね。

2作品監督しましたが、「仮面ライダー作品」として成立させるので日々、一生懸命でしたね。熱いファンの方々がいますし、シリーズを通じて俳優さんたちも役を理解していたし、仮面ライダーならではのフォーマットのようなものをスタッフさんたちも共有している。そういった流れを尊重し、自ら染まってみようと思っていました。

その上で映画版（Vシネマ）ということで、自分の色も少しずつ添えています。戦闘中に一般市民が映り込むようなリアル感を出してみたり、ちょっとハードな大人っぽいテイストを加えてみたり。「みんなが思う正義は、本当に正義なのか？」といった問いかけも織り込まれていて、子供たちには少しのみ込みにくいテーマですが、大人の世界に触れるドキドキ感が生まれるようなバランスを意識しました。

――ひとつの役割に縛られず柔軟に仕事をされるなかで、共通するもの、大事にしていることなどはあるのでしょうか。

とにかくフラットでいることですかね。たとえば原作のある作品の場合、原作者の方が「好きにやっていいですよ」と言ってくれるのなら、映像は映像でメディアが違うわけだから、原作を翻訳してクリエイトしていけばいいと思うんです。主人公が変わってもいいし、相棒の性別が変わってもいい。原作どおりに作ると、翻訳というより直訳っぽくなってしまうんですよ。

だから僕は原作つきの作品でも、必要に応じて原作を読み込みすぎないようにすることもあります。ひとりでもそういう人間がいないと、みんな直訳でしか翻訳しなくなるので。やっぱり、作品を届けるべき視聴者や観客のことを見て作らないと、届かないんじゃないかと思うんです。だから、自分はお決まりや前提に捉われず「これってどういう意味ですか？」と言えるような、あえて空気を読まない人間でいるために、フラットなスタンスを意識しています。

――原作との比較ばかりに目が行くと、作品がただの答え合わせになってしまいますよね。

そうなんですよ。キャラクターのビジュアルとかね。映画やドラマはヒマつぶしで観ていいものだから、文脈などは無視して誰が観ても理解できるようにしたいと思っていて。最近はどちらかというと、作品にまつわる文脈が大好きな文化になってきている。それが苦手で。

長きにわたってサボりの手法を編み出してきた？

――「サボり」について伺いたいのですが、仕事中、リフレッシュのために行っているちょっとしたサボり、息抜きはありますか？

家で仕事をする機会も増えましたが、生活音などが気になってしまうタイプなので、気持ちを切り替える方法はいろいろ試してきたんですよ。やっぱり基本は場所を変えることですね。昼間はカフェ、夜はコワーキングスペースと、移動を繰り返しています。移動って、想像力と密接な関係があると思うんです。

あと、環境によって仕事の内容も変えています。「台本のチェック」はカフェのような少し騒々しい場所のほうがいいんですけど、「台本を書くとき」は集中できる環境がいいとか。ちなみに「台本を読む」なら、風呂が最強ですね。長居ができないからさーっと読むんですけど、そうすると全体の構成が俯瞰《ふかん》で見えてくるんですよ。同じような意図で、ビールを飲みながら台本を読む知り合いもいます。

――飽くなき集中への探究心ですね。

最近、妻もリモートワークになって「集中できない」とボヤいていますが、「甘いな」と（笑）。こっちは25歳からの長きにわたるフリーランス生活で、いろんな手法を編み出していますから。場所だけでなく、メガネを変えるとか。度数やフレームが変わると視界も変わるので、モードが切り替えられるんですよ。「このメガネをかけているのに、お前は何をやってるんだ！」と集中できない自分に言い聞かせることもできます。

――ハマっている趣味なども聞きたいのですが、プライベートで映像作品を観ていても、やっぱり仕事を意識してしまうものでしょうか。

観るまではそんなつもりじゃなくても、自分が抱えているテーマと近い要素があったりすると、仕事っぽく観てしまうことなんかはありますね。あと、海外の作品は環境があまりにも違うので、直接的にフィードバックされることは少ないのですが、日本の作品は知っている俳優さんやスタッフさんが気になってしまったり、制作の背景が見えてきてしまったりすることはあります。でも、途中からそういうものが気にならなくなる作品もあって、それはやっぱりいい作品なんだろうなと思います。

――無心で楽しめるほどの強度というか、世界観などのある作品ということでしょうか。

ただ、「ストーリーがおもしろい」ということが世の中的には良しとされていますが、僕たちはそれだけではつまらないと思っていて。ストーリーだけなら、小説でもいいわけじゃないですか。やっぱりそこに映像表現としての魅力がないと惹かれないですね。

――仕事から離れて、何も考えずに楽しんでいるようなことはありますか？

妻や娘と過ごす時間とか、サウナとかですかね。働き盛りだけど、40過ぎて体の変化もあり、お酒に弱くなってしまって飲む機会も減った。家族に合わせるうちに朝型生活が気持ちよくなり、健康とか免疫のこととかを考える、つまんない人間になっちゃったんですよ。そんな大人の行き着くところって、やっぱりサウナなんじゃないかと思うんです（笑）。だから流行っているのはすごくわかります。

それと、料理。もともと好きだったんですけど、子供ができてから積極的に作るようになりました。というのも、1歳くらいだとあやすにも寝かしつけるにも、結局、最後は母乳なんですよ。自分には絶対に提供できないのが悔しくて（笑）。唯一、妻のため、子供のために安定的に供給できる育児が、ごはんを作ることだと発見したんです。

――なかなか変わった動機ですね。

自分でも意外な気持ちでしたね。調べたレシピは小さなノートにまとめているんですけど、今ではノート2冊分ぐらいまとまりました。ほかのことを考えないで済むから、いい気分転換にもなっています。

こういう仕事をしていると、仕事が時間で区切れないじゃないですか。寝ていても仕事のことが頭の片隅にあったり。でも、整体師さんに「ずっと考え事してるでしょ。すごい凝ってる」と言われたりしたことで、無心になる習慣を作ることは大事かもしれないなと思い直しています。

（2021年7月取材）

筧 昌也にとってのサボりとは……

集中するために編み出された技術

目的ごとに最善の
方法を取ることが
切り替えになる

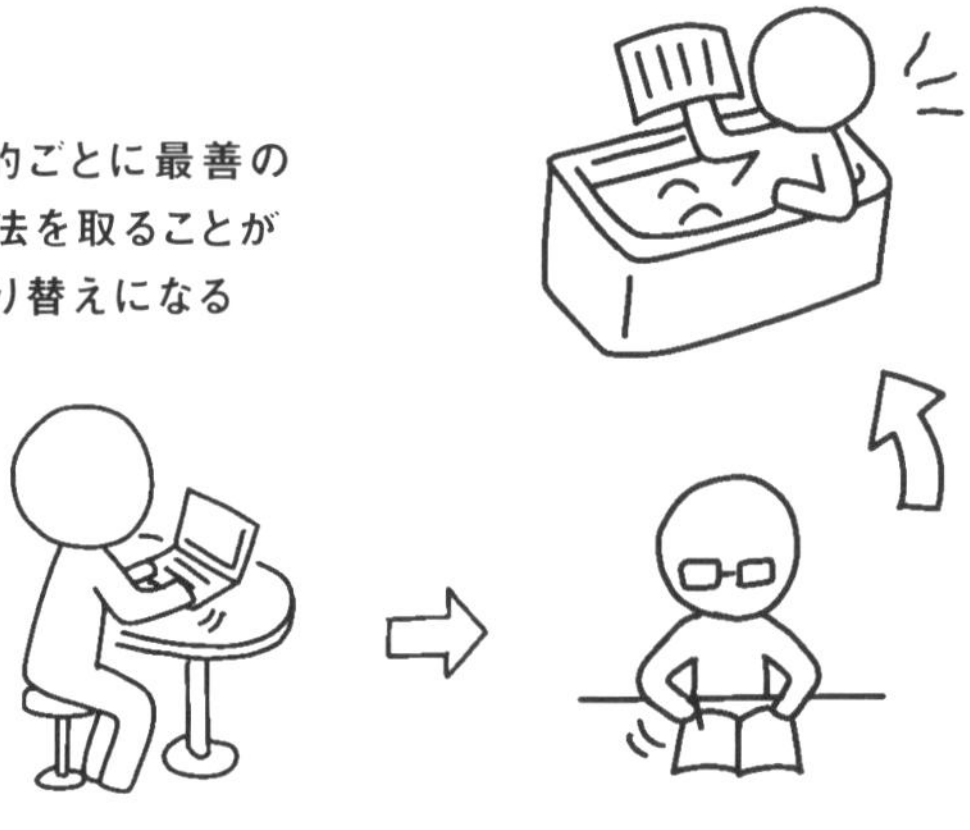

「遊ぶように働きながら、真剣に"ヒマを持つ"」

［アートディレクター］

ステレオテニス

ステレオテニス
アートディレクター／プロデューサー。早くから80年代グラフィックのトーン&マナーを取り入れた作風で、カルチャーシーンを中心に広告表現や空間プロデュース、イベントの企画などを手がける。電気グルーヴなどのアーティストのグッズ制作や、ハローキティなどのキャラクターとのコラボレーションを多数展開。近年では、宮崎県都城市のPR大使として、プロデュース業や地方を視野に入れたクリエイティブディレクションにも積極的に取り組んでいる。

誰も見向きもしなかった80年代が、カッコよく見えてきた

――グラフィックデザインという分野でお仕事をされるようになった経緯について教えてください。

学生のころからデザインや絵を描くことが好きで、当時聴いていた音楽ジャンルの影響で、音楽をグラフィックで表す仕事があることを知って、京都の美大でデザインを学ぶようになったんです。大学の終わりから自分の名前で活動は始めていて、クラブでVJをしたり、フライヤーをデザインしたりしていましたね。あのころは単純に表現することが楽しかった。

卒業して会社で働き始めてからも個人活動は続けていたんですけど、もっとおもしろいことをしてみたいと思っていたときに、会社の先輩が上京することになって。それで、ノリで一緒についていくことにしたんです。上京をきっかけに、少し意識が変わりましたね。ポートフォリオを作って持ち込みしてみたり、知り合いのデザイナーさんに作品を見てもらったり。

あと、新宿二丁目のカルチャーと出会ったことも大きかったです。mixiを経由してエレクトロミュージック黎明期のコミュニティに参加したんですけど、イベントに行ったら奇抜な

ファッションを身にまとった人たちがいて、びっくりして。そこでＶＪをさせてもらったりしているうちに、自分の表現が広がり、音楽関係者といった方々との出会いもあり、デザインの仕事をもらえるようになって。だから、けっこうアンダーグラウンド出身の叩き上げなんですよ（笑）。

――そうした活動の中で、どのように作風を確立されていったのでしょうか。

あまり王道を追う感じではなくて、ずっとまわりがやっていないことをやろうとしていました。ＶＪの世界は男っぽくて裏方的なイメージが主流だったので、ちょっとギャルっぽいテイストを打ち出してみるとか。そうした奇をてらったアプローチとして、「80年代」を扱うようになったんです。

当時は今のように80年代のテイストが「アリ」だとされていなくて、古くてダサい、よくない意味で「ヤバい」ものだったんですよ。それをあえておもしろがっていたのが、だんだん「これ、もしかしてカッコいいのでは……？」と思うようになって。それで、日本だけでなく80年代の海外のデザインや映画、雑誌なども参照しながら、そこに自分の色を加えていったという感じです。

――世代的に懐かしさや親しみを感じる部分もあったりしますか？

ありますね。原体験や原風景として80年代があるから、自分で解釈できるというか。心に刺さるようなイメージソースがたくさんあったので、それらを解体してイメージを組み合わせるのも楽しくて。古本屋にある雑誌や、寂れた文房具屋さんに残っている商品、レンタルビデオ店の型落ちビデオなんかを掘り出してみたり、すみっこに追いやられている存在から、自分なりにカッコよさを見出していました。

80年代をそのまま表現する懐古趣味ではなく、80年代というエッセンスを自分なりに調合して、その時代に落とし込んでアレンジするというか。お仕事の場合、クライアントの反応によってそのバランスやモチーフを自分の勘で変え、提案したりすることもあります。

――中でも反響が大きかったもの、個人的に手応えのあったものとして、どんなお仕事があるのでしょうか。

2010年代前半の、SNSでの広がりは印象に残っています。好きなアイドルについて「グッズを作りたい！」と発信したら、それが拡散されて事務所の方から連絡が来るようなことがありました。そうやって広がっていった仕事がきっかけで依頼もどんどん増え、同時に

『東京ガールズコレクション』(2018) キービジュアル

80年代的なムードが世間的にも理解されるようにもなったことで、小学生のころ愛読していたマンガ『あさりちゃん』のコラボグッズを作らせてもらったり、サンリオさんとコラボレーションさせてもらったりするようになりました。

『東京ガールズコレクション』のキービジュアルは、親でも知ってるお仕事だったので、多方面から反響が大きかったです。それからだんだん平面のデザインではなく、立体物を手がけることが増えていき、オリジナルのプロダクトを販売したり、アパレルで洋服を作らせてもらったりするようになりました。中でも、東京ディズニーリゾートの施設「イクスピアリ」内のプリクラエリア「moreru mignon」のディレクションは、立体としての規模も大きくて、やりがいがありましたね。

moreru mignon

発想や視点は、矛先を変えても活かせる

――そんな80年代も、今やブームと言われるほどの扱いになっています。

個人的な印象では3回目ぐらいの80年代ブームなんですけど、ここまで市民権を得るとは思いませんでしたね。ブームが続くと、もうおもしろいというよりも当たり前の存在になって、定着してきちゃっているような気がします。だから、手慣れた感じでしつこく80年代的なデザインをやればいいのにって思いますけど、素直におもしろいと思えなくて。こういった表現を世に出すなかで、自分の中でひとつの達成感があって、少し満足してしまったところがあるんです。

――何かきっかけがあったりするんですか？

電気グルーヴさんにグッズ制作を依頼されたことが大きくて。私が中学生のころから聴いていたミュージシャンでしたし、今でも第一線で長く活動されている方に、自分の表現を受け入れてもらえた。どんな狙いがあって、どんな表現をしているのか、理解してもらえた気がしました。ものすごく光栄でうれしくて、なんだか浄化されてしまって、「やりきった」みたいな達成感が自分の中にあったんです。

だから、次は手段というか、表現の先を変えようと思うように

電気グルーヴ公式グッズ

なりました。自分の中にある80年代のポップさとか、発想の楽しさは活かしつつ、その対象を一過性で流れていくものではなく、誰もやっていない分野にシフトするのが楽しくなってきたんですよね。

――地方でのクリエイションなどがそれに当たるとか。

そうですね。地方で企画やプロデュースをしたり、社会の課題を解決することを考えたりするのは、おもしろい表現の変換でした。地方を行き来していると、「人が減ってるな」とか、「こういうものが不足していて、こういうものは余ってるんだな」とか、世の中の縮図として問題を知ることがいろいろある。そういった課題や気づきを、自分が80年代を再解釈してデザイン表現したときに培った視点で見てみると、解決につなげられるかもしれない。そこにワクワクするんです。

それで、私の地元にある呉服店の昭和のデッドストック服をリブランディングして販売する「MOM's DRESSER」というブティックをやったり、同じようにメガネ屋さんと組んだり、飲食店と組んだりしていると、自分にしかない視点が活かせるとわかって。「人の役に立ちたい」とか、「地

MOM's DRESSER

域貢献」とかって、あまり好きな表現ではないんですけど、結果としてそれが人のためにもつながることに魅力を感じるようになりました。あくまで自分がおもしろがっているだけなんですけど。

地元であって、地元でない、不思議な「よそ者感覚」

――地元である都城市では、どのように活動を広げていったのでしょうか。

都城には、おしゃれなお店はあっても、知的好奇心に応えてくれるような文化の発信基地といえるような場所が少ないなと思ったんです。そんなときに、「都城市立図書館」という大きな図書館ができて、最初は実家に帰ったついでに仕事をする場所として利用していました。そのうちに、イベントスペースがあることが気になって、職員さんに何かやる予定があるのか聞いたんですよ。そうしたら、場所はあるけど企画がないので、考えているところだと。

それで、企画を持っていってみることにしたんです。実家に帰ることが増えてから、地元におもしろい活動をしている人がいたら、会いに行ってインタビューする、というフィールドワークをしていたので、これをトークショーにできないかと。それが『おしえて先輩！』というレギュラーの企画として採用されたのがきっかけですね。

――図書館が文化の発信基地になった。それにしても、すごいフットワークです。

インタビュー自体は前から個人的にやっていたことで、「地方にもこんなおもしろい働き方をしてる人がいるよ」「こんなおもしろいことができるよ」って、地元の若い人たちに伝えたかったんです。企画を持ち込んだりすることに対しては、あまりためらいがなくて。それがダメかどうかは関係なくて、とりあえず行ってみる、という精神なんです（笑）。

――地元での活動も続けるなかで、意識していることはありますか？

もう何年も離れているし、ずっと住んでいるわけじゃないので、地元だけど、地元じゃない、適度によそ者感覚でいることを大事にしています。それで、地元に対して「懐かしい」とか、「変わらないなぁ」とか言ってるのって、視野が狭い捉え方かもしれないと思って。そうすると、逆に地元が新鮮に見えてきました。同時に問題も見えてきたり。地元感とよそ者感、ふたつの視点を両立させて、おもしろいものを見つけていきたいですね。

サボりとは、贅沢のひとつである？

――ステレオテニスさんは「サボる」ということに対して、どう考えていますか？

最近、「サボり」が個人的なテーマになっていて、サボっていかに好パフォーマンスを出すか考えるようになったんですよ。もともとアイデアがどんどん湧くので行動的なタイプだったんですけど、サボっているときのほうが行動的なときにはないクリエイティブにつながることに気づいて。

ぼーっとしたり、好きなことをしていると、インスピレーションが湧いたり、悩みに対して別角度のひらめきが降りてきたりするんです。仕事と直接的なインスピレーションとも違った、ラクに生きるためのインスピレーションみたいなものが生まれて、結果的にパフォーマンスも上がるっていう。サボりは、自分本来のペースに戻す時間だと思うんです。

――仕事などはどうしても人のペースに合わせることになりますが、サボってる間は自分のペースになれる。

そうなんです。サボってるときは自分が軸になるんですよ。だから、ヒマとかサボりとかって、ある種の贅沢というか。「ヒマしてる」「ヒマだ」とか言うと、すごく退屈な印象で、みんなヒマを恐れがちなんですけど、「ヒマがある」「ヒマを持っている」と言うと、ちょっと高貴な気分になれませんか（笑）。

リトリート（日常生活から離れた場所で心身をリラックスさせること）なんかも流行っていて、何もないところに出かけて、何もしないことがレジャーになっている。ヒマを買うビジネスになってるんですよ。ヘンな話ですけど。そうやってヒマを買うような忙しい人たちも、自分の軸ではなく、誰かの軸を基本に生きているという感覚が拭えないんだと思います。

――たしかに、電話やメールから解放される時間って、贅沢な感じがしますね。

本当にずっと考えてますね。サボることは大事だと言いたくて、お仕事で「サボるサンタ」っていうビジュアルを提案したりもしていて。サンタにとってクリスマスは配達労働なので（笑）、プレゼントも配らず、部屋が散らかったままゲームをしているサンタさん。クライアントさんに、「もうみんな仕事しなくていいんじゃないですか？」「好

『HEP FIVE XMAS 2022』キャンペーンビジュアル

きなことをするって、すごく生産性が高いんですよ！」って熱弁して（笑）。

お金から人生や哲学を考えるのも、遊びのひとつ

――サボりともいえる好きな時間は、何をしているときなのでしょうか。

散歩したり、寝たり、コンテンツを観たり、温泉に行ったり、瞑想したり、いろいろありますけど、お金の勉強も趣味なんです。勉強というか、お金の世界を知るのが楽しい。仕事があるのに、お金の仕組みがわかる動画を観たりしちゃいます。おもしろいと思ったら人に言いたくなってしまうので、お金について知ったことを発信すると、それが広がっていくこともあって。遊びというか、仕事と直結しないことを一生懸命やってる感じですね。

その関心も、最初は「お金とは？」「経済とは？」といったところにあったんですけど、お金のことを考えていると、だんだんお金と人生の関わりを哲学的に捉えるようになり、自分の価値観や生き方といったテーマに広がっていくのもおもしろくて。そんなに意識の高い話ではなくて、お金に縛られないでラクに生きる、発想の転換みたいなことなんですけど。

――その結果、好きなことや趣味が仕事になって、夢中になっている人もいますよね。

でも、仕事と遊びの時間は分けたほうがいいような気がするんですよね。私も遊んでお金をもらっているような感覚が仕事にあって、ずっと走り続けていても苦ではないんですけど、気がついたら背中から小さい槍《やり》で追い立てられてるように感じる走り方をしていることに、気づいてない場合もあると思うんです。それで結果的に、体にムリが出たりするのは違うのかなって。だから、ヒマを怖がってワーカホリックになったり、仕事が遊びだと言ったりするより、やっぱり遊びは遊び、真剣にヒマを持つっていう。そういうことがわかってきましたね。

（2023年1月取材）

ステレオテニスにとっての
サボりとは……

好きなように
過ごすことで、
自分が軸になる
贅沢な時間

「何もしない」ことも自分が軸となる贅沢な時間

「楽しめるうちは、全力で楽しみきる」

MB

［ファッションアドバイザー］

MB　えむびー
ファッションバイヤー／ファッションアドバイザー／ファッションブロガー／作家。ユニクロをはじめとするファストファッションを対象にした論理的な「お金を使わない着こなし法」が注目を集め、書籍、ブログ、メルマガ、YouTubeなど、さまざまな媒体で情報を発信。書籍『最速でおしゃれに見せる方法』（扶桑社）など、書籍の発行部数は累計200万部を突破し、有料メルマガは配信メディア『まぐまぐ!』にて個人配信者として1位をマークしている。

楽しめるうちは、ひたすら突っ走る

――動画を拝見することが多いので、YouTubeの印象が強いのですが、幅広いメディアで活躍されていますよね。

YouTubeはほぼ毎日更新していて、登録者数も36万人を超えましたけど、始めたのは2年前くらいなんですよね。この仕事を10年ほどやっていて、主な実績となると書籍のほうが強いかもしれません。本は30冊ぐらい出版されていますし、マンガやライトノベルを監修したり、ビジネス書を手がけたりもしているので。

ほかにも有料メルマガやオンラインサロン、オリジナルブランドの販売、アパレルとのコラボレーション、講演会、メディア出演などもやっています。だから、とにかく打ち合わせが多くて。あとは執筆や撮影でスケジュールが埋まるので、年間ほぼ休みなく活動しています。

――サボるヒマなんかないですね……。

旅行が好きなので、コロナ前は国内外、いろんなところに出かけてはいましたね。旅先でもほとんどパソコンに向かっているんですけど。台湾に行ったときなんかひどくて、4日間ぐらいの滞在期間のほとんどをホテルから出ずに執筆して過ごしました。もう東京でも変わらないんじゃないかっていう（笑）。でも、場所が変わるだけで気分転換になって楽しいんです。飛行機に乗るのも好きですし。一時期は月1くらいでどこかに行ってました。

――どのあたりに行くことが多かったんですか？

撮影とかが入ってもすぐに戻れるように4～5日出かける感じだったので、必然的にアジア圏が多かったですね。アジアもけっこうファッション的におもしろくて。古着が好きなんですけど、古着はアジアが熱いんですよ。ヨーロッパとかアメリカは、もう食い荒らされていていいものが全然見つからない。掘り出し物はアジアのほうが多いですね。

倉庫みたいなところにどかっと古着が集められているので、そこに行って目利きをするんです。その中の90％はどうでもいい古着で、残りの10％の中からザ・ノース・フェイスやラルフローレンなどのアイテムを見つけるのが楽しくて。それも最近はちょっと高くなってきてるんですけど。

――旅する機会もなくなると、ますます仕事ばかりになりそうですね。

でも、自分としては洋服が好きでやっていることであって、普段からそこまで仕事をしている感覚もないんですよ。「休みがない」と言うと驚かれますが、精神をすり減らしながら働いている感じではないというか。だから楽しくなくなったら、スパッとやめてしまうかもしれません。無理して続けるつもりはないですね。

日本一、「ファッションに興味のない人」のことを考えた

――ユニクロを扱ったアドバイザー的な活動を始められたのは、どんなきっかけからなんでしょうか？

パリのファッションシーンが好きで、コレクションを20年ぐらい追いかけ続けているんです。革新的で新しいトレンドを生み出すのは、やっぱりパリなんですよ。ただ、そんな話をしてもわかってくれる人は限られてくる。だったら、ファッションに興味を持ってくれる人を増やして、全体のレベルが上がって、いい服が市場に出回るようにしよう、パイを増やそうと考えたんです。

でも、そこで着こなし法やおすすめのアイテムを紹介しても、商品を手に入れて実践できなかったら意味がない。実際に着て「たしかにカッコいい」「褒《ほ》められた」と実感する体験がないと、市場はふくらまないはず。だからユニクロなんです。47都道府県津々浦々に店舗がしっかりあっ

て、なおかつどの店舗でも同じアイテムを展開しているとなると、ユニクロしかなくて。

そのために通販があると思う人もいるかもしれませんが、通販で洋服を買う人って、実際はまだまだ少ないんですよ。ユニクロですら通販比率は20％を超えてないんじゃないかな。だから、「通販で買えばいいじゃん」っていうのは、ちょっと洋服が好きな人の考えで、普通の人は試着もせずに通販で洋服を買おうってなかなかならないんです。

――ファッションに興味がない人にアプローチするため、リサーチなどもたくさんされたのでしょうか。

たぶん、日本で僕以上にファッションに興味のない人のことを考えた人はいないっていうくらい考えました。死ぬほど考えましたね。アパレルの販売員だったころから、彼らがどんなことに困っていて、どんなところで服を買っているのか聞いたり、リサーチしたりしていましたし。その情報をもとに、「この問題を解決するにはどういう言い方をして、どういう提案をすればいいんだろうか」といったことをずっと考えていました。

それで、自分のセンスを押しつけるのではなく、論理的な提案とターゲットの需要をつなげる作業が必要だと気づいたんです。自分なりの理屈を用意しつつ、服に興味のない人たちが何に悩んでいるのかもリストアップしていく。そのふたつのリストをつなげて、「足が短くてパンツが似合わないと思ってる人には、こういう提案をすればいいかな」といった事例をひたすら考えました。あらゆる問題に応えられるように、すべて準備してからコンテンツを作ったんです。

自信がないから、誰より時間と手間をかける

――最初にブログを始められたそうですが、先々のコンテンツまであらかじめ用意していたんですね。

本当はやりながら改善していったほうがよかったと思いますけどね。ヘンに完璧主義なところがあって（笑）。どんな疑問や反論にも、100％返せるようにシミュレーションしておきたかったんですよ。それに内容だけでなく、ファッションに興味がない人に届けるためのタッチポイントも考えていました。

みんなが洋服のことで悩むのって、主に結婚式やライフステージが切り替わるタイミングなどですよね。だから、「スマートカジュアル」「結婚式の2次会スタイル」「上司の着こなし」といった検索キーワードを押さえるようにしたんです。

おかげで準備期間はすごく長くなりましたし、ブログを始めて最初の半年間で19記事しか書けなかったんですけど、その19記事だけで月間40万PV獲得できるようになりました。半年間はPV数を見ないようにしていたので、気づいたときにはあわてて広告を貼りましたね。

「言われてみると当たり前のようだけど、そこまでやらないな」ということを徹底的に実行されているように感じます。

ブログに続いてメルマガも始めたんですけど、とにかく顧客を逃さないようにしていました。よく水とバケツにたとえられるんですけど、集客という水が流れても、バケツに穴が空いていると顧客にはならず、どんどん流れ出てしまう。僕の場合、水の量は少なくても、バケツの穴をふさいで確実に顧客になってもらうように努めました。僕にしか出せない情報を発信し、読者が1000人規模になっても質問にはすべて返信するといった感じで。

たぶん、自分に自信がないんですよね。当時は新潟にいる平均的なショップスタッフだったから、人の3倍も、4倍も時間をかけて、できることをとにかくやるしかないと。それだけなんです。それ以前には10個ぐらいブログをつぶしてますし、めちゃくちゃ試行錯誤してきたんですよ。それは今もそうで、最近も飲食店をオープンしたものの、結局負債を出して失敗してますし……。10回トライして1回当たるくらいの感覚ですね。

一番の喜びは、「おしゃれが楽しい」と思ってもらえること

――入念にリサーチとシミュレーションを重ねてコンテンツを展開されたわけですが、読者の質問に答えるなど、ユーザーと触れ合うことによるフィードバックもあったのではないでしょうか。

いっぱいありましたね。予想もしないことで悩んでいるんだと驚いたり、思った以上にこちらの言葉が伝わらず、繰り返し発信したり、書き方を変えてみたり。「僕は身長175センチなので、このアイテムはLサイズを選んでいます」と書いたら、「MBさんおすすめのLサイズを買いました！」と身長190センチ近い方からメッセージをもらったこともありました……（笑）。

それこそ、「コーディネートのバランスは、ドレスとカジュアルで7対3に」と10年間言い続けていますけど、「どうですか？」とメルマガに全身カジュアルの写真が投稿されるなんてこともけっこうありますから。「ドレス入ってねえじゃん！」みたいな（笑）。でも、自分の中に「こういう言い方をすれば、みんなに届くだろう」っていうおごりがあったんだと思うんです。相手に届く言葉をちゃんと考えなきゃいけなかった。

――どのように伝え方を変えていったのでしょうか？

僕が言葉を届けようとしている人たちが、どんな暮らしをしていて、どんなことを考え、どんな言葉を求めているのかまで考えて、伝え方をブラッシュアップしていきました。「このパンツはシルエットも素材もよくて、どんなトップスにも合わせやすいです」といった言い方ではなくて、「家族と土日に出かけるなら、このパンツはぴったりなのできっと褒《ほ》められますよ」などとシチュエーションも含めて伝えるとか、ターゲットに刺さる言葉に変換していく。

ただ、僕が言ったことを100％忠実にやってほしいというわけではないんです。みんなにファッションに興味を持ってもらって、「おしゃれが楽しいな」って感じてもらうことがゴールなので。

――ユーザーの方々の変化を感じられることが、やりがいにつながっている。

はい。服に興味のなかった人が、今や服が趣味になってハイファッションを楽しんでいるなんて聞くと、やっぱりうれしいですね。うつ病に悩んでいたけれど、通販でユニクロの服を買ってみたことをきっかけに外出できるようになったという方もいました。人生を変えるお手伝いもできるかもしれないと思うと、やりがいを感じます。

ネガティブなことを言うときは、まずいいところから

――逆に伝える際に気をつけていることなどはありますか？

基本的にネガティブな話はしないですね。ファッションってあくまで趣味レベルのもので、社会を生きる上でマストなものではないし、吹けば飛ぶような世界だと思うんですよ。ちょっと興味を持って洋服を買ってみた人も、ネガティブなことを言われたりしたらすぐに「もうやーめた」って思ってしまうんじゃないかと。

だから、人に着こなしの改善ポイントを伝える場合も、1カ所はどんなにダメでも、その前にまず1カ所いいところを見つけてそこから言うようにしています。「ここは素晴らしい。でも、こうするともっとよくなる」って。そうしないと「やっぱり自分はダメなんだ……」と、さーっと引かれてしまう。この順番は絶対に間違えないようにしています。

――「今期のユニクロのこのアイテムは微妙だった」といった、商品批評的な動画なども発信されていますが、その場合も同じようなスタンスなのでしょうか。

動画の反応率が高くなるので、タイトルはわりとネガティブに書くこともありますが、実際

に観てもらうと、あまりネガティブなことは言ってないんですよ。「もっとこうしたほうがいい」といった改善点が中心なんです。あとは、「こういう人にはダメかもしれないけど、こういう人にだったら合うかもしれない」とか。100％ダメだとは言わないようにしています。ワーストバイとかも正直やりたくないんですけど、記事にするとベストバイの10倍ぐらいのアクセスになるんですよね……。

いつかは「自分のための服作り」に没頭してみたい

――ご自身でも常にファッションに触れていかなきゃいけない部分もあると思うのですが、どのくらい商品を買ったり、展示会に行ったりされているのでしょうか。

洋服には年間で2000万円くらい使っています。個人的に好きなブランドのものもいろいろ買いますし、ユニクロが出しているメンズ服は、ほぼ全型買っていると思います。

――すごい……！　全部は着れないですよね。

体はひとつしかないので、なかなか着れないんですよね。でも、みんなと同じ目線に立たないとわからないこともあると思うので、ユニクロの服も自分でお金を出して買って、自分で着てみることを大事にしています。

それに、ファッション業界に少しでも還元するために、僕ぐらいはきちんと定価で買って、業界にお金を回していかないとな、という思いもあります。これは僕だけでなく、アパレルに関わる人たちに共通する感覚だとは思うんですけど。

――商品を魅力的に紹介するだけでなく、ご自身がメディアに出演される機会も増えているかと思いますが、それもあくまでファッション文化を広めるため、ということなのでしょうか。

マスに文化を広めるためにも、お仕事をいただいた以上は一生懸命やっています。ただ、本音を言えば表に出るのは苦手で……裏方として自分でミシンを踏んでいたいという気持ちのほうが強いですね。自分で服のモデルをやるのも、体形の整ったモデルよりも説得力があるからという理由だけなんです。

――「スパッとやめるかもしれない」とおっしゃっていましたが、将来的なビジョンとしては職人的な働き方をされたいと。

そうですね。いつかは1日10人くらいしか来ないお店で、自分で洋服を作って販売するような活動にシフトしていきたい。社会のため、業界のためという〝広げる〟方向から、自分の価値観を〝深める〟方向に移していくというか。最低限生きていけるだけの売り上げでいいので、自分のこだわりを追求してみたいという思いはありますね。

運転しているときは、何も考えない時間を過ごせる

――現状、休みなく働いていらっしゃるとのことですが、「サボり」といえそうなMBさんなりの気分転換、息抜きはありますか？

車の運転はすごく好きですね。夜中に車を走らせて、首都高をぐるぐる回るだけでも気晴らしになります。以前は、ふらっと車で名古屋くらいまで行って、現地でホテルを探す、といったこともやっていました。6時間かけて大阪に行って、特に何をするわけでもなくそのまま帰ってくるとか。

――仕事と同じで、好きだからこそできることなんですね。

そうですね。車を選ぶ基準も、あくまで乗り心地です。何も考えずぼーっと運転している感じが好きで。だから、いずれコロナが落ち着いたら、車で日本一周しながら自分の読者さん、フォロワーさんに会いに行くという、InstagramやYouTubeと連動させた企画をやりたいんですよね。仕事にもなるし、気晴らしにもなるし、最高なんじゃないかと思って。

――日常のルーティンのような、生活のリズムを作ったり、頭を切り替えたりするために習慣化していることはありますか？

瞑想ぐらいですかね。10年ぐらい続けていますが、瞑想は頭が空っぽになるからいいんです。ちょっとスピリチュアルな感じがしますけど、科学的にも効果が証明されているんですよ。

仕事のことも何も考えず、頭の中を空っぽにするのって、けっこう難しいじゃないですか。脳は常にアイドリング状態というか、何も考えていないつもりでも動き続けているので。その動きをある程度止められるのが瞑想らしいんですよ。

――趣味はドラムとのことですが、ドラムを叩いている時間は無心にならないんですか？

ドラムは違いますね。腕の動きなどを確認しながら、コツコツと技術を磨いていくというか、だいぶ考えながらやっています。小学生のときに始めて、プロを目指したこともありました。だから、今でも「プロになれないかな」って気持ちがちょっとあるんですよね（笑）。

（2021年12月取材）

MBにとってのサボりとは……

考え抜いた脳を休ませること

一度無にして
リセットする

「やりたいことは全力でやり、できないことも受け入れる」

[さらば青春の光／株式会社ザ・森東社長]

森田哲矢

森田哲矢　もりた・てつや
お笑い芸人／株式会社ザ・森東代表取締役社長。2008年、東ブクロと「さらば青春の光」を結成。『キングオブコント』(TBS系)では2012年に準優勝し、6度も決勝進出を果たすなど、巧みなコントで注目を集める。2013年には個人事務所「株式会社ザ・森東」を設立。テレビ、YouTube、ライブ、ラジオなど、幅広いフィールドで活躍を続けている。また、フィンランド発祥のスポーツ「モルック」を趣味とし、日本代表として世界大会にも出場した。

賞レースを離れてから、流れが変わった

――事務所からの独立や賞レースでの活躍など、さまざまな経験をされてきたなかで、コンビとしてのターニングポイントなどはあるのでしょうか。

手応えみたいなものはずっとないんですよ。賞レースにかけてきて、毎年決勝に行くことはできたものの、優勝はできなかったですし。ただ、2018年に賞レースを卒業することにしたんですけど、そのあたりからテレビのお仕事をもらえるようになったりして、潮目が変わってきたなと感じるようになったかもしれないです。

賞レース用に4～5分のネタを作るのも、1年に1回の勝負にかけるのも、だんだんしんどくなってきたというか、費用対効果に合わないなと思って。それで、自由にネタが作れる単独ライブに力を入れるようになったら、動員が増えていって、テレビのネタ番組とかにも呼ばれるようになったんです。

――今ではバラエティ番組で活躍し、MCを務められることもありますが、役割ごとの意識の違いや戦略などはあるんですか？

スイッチを切り替えるようなことはないですね。MCは「自分が番組を成立させなあかん」とか、「ゲストが〝おいしい〟と思えないと申し訳ない」っていうプレッシャーがありますけど、自分ではMCをやるタイプだと思ってなくて、評価もそこまで求めないから、「ダメでもともと」ぐらいの感覚というか。

一緒にお仕事した方に「自分が好きなことと、向いてることって違うから」と言われたことがあって、たしかにそうかもなと思ったんです。だから、テレビの人が僕に向いてると思って使ってくれてるのなら、その役割は甘んじて受け入れようとは思ってます。

自分たちの番組を持ちたいっていう気持ちはあります。それこそ、僕らがYouTubeを始めたのも、「こういう企画考えたんですけど、どうですか?」ってテレビの人に向けて発信するためだったりするんで。コンプライアンス的な問題はありますけど（笑）、やりたいことをやれる番組ができたらいいですね。

――そのYouTubeも、定期的にコンテンツを作り、複数のチャンネルを展開していて、大変じゃないですか?

YouTubeはやりたいことをやってるだけなんで。コロナ禍にDIYにハマったから、じゃあDIYをやる個人チャンネル作ろうとか、軽い気持ちでやってます。企画を考えるのはしんどいですけど、「(自分たちのYouTubeは) 世の中にとっての必要悪や」と思ってるところがあって。僕らって、昭和平成の下世話なテレビを観て育ったのに、それを今のテレビには期待できなくなった世代なので、YouTubeが下世話なDNAの受け皿になるような、駆け込み寺なんです。だから、許されてるうちは、とにかくやりたいことをやろうと。

——そのエッセンスをYouTubeらしいかたちに落とし込む際に、意識していることはありますか?

YouTubeの場合は、時事ネタが多いかもしれないです。YouTuberのヒカルさんが(ある芸人に腹を立てていると) 話題になったら、すぐに(東) ブクロに謝罪させる動画を作るとか。そのときにしかやられへんもんは、スピード感を大事にしてます。YouTubeは思いついたその日に撮って、次の日には世に出せるので、時事ネタはやりやすいですね。

コントは日常のちょっとした疑問から生まれる

——メディアごとの向き合い方という意味では、ラジオもまた違ったスタンスで臨まれているのでしょうか。

ラジオは一番、気楽かもしれない。僕はラジオを聴いてこなかったので、深夜ラジオ（TBSラジオ『さらば青春の光がTaダ、Baカ、Saワギ』）をやることになっても、サンプルになるイメージがなかったんです。だから、スタッフさんが考えてくれた企画をそのままやる感じっていうか。TBSラジオのディレクターがわりとトガってる人で、普通のフリートークというよりも、番組に何か一個（企画性を）のっけてくれるので。

ラジオに対してはプライドも焦りもなくて、よけいなことを気にせずやれてます。それに、深夜3時のラジオなんて、もの好きしか聴いてないと思うんですよ。リスナーも本当に僕らが好きな人たちだから、何をやっても許してくれると思って、そこに甘えてる部分もありますね。

――逆に、自分たちでやりたいネタを考える単独ライブは、力の入れ方がまた違ってくるかと思いますが、森田さんのコントの作り方を教えてください。

僕らのコントは日常から生まれるので、喫茶店で隣になった人の会話とか、身の回りで起こった出来事を設定に落とし込むことは多いですね。『キングオブコント』でもやった、居酒屋で注文してない料理が運ばれてきて、「うまそうやな」ってつい頼んじゃうネタがあるんですけど、それも実際にあったことで。

単独ライブの直前になってもまだネタが1本決まってなくて、「どうしよう？」って言いながら作家と中華料理屋に入ったんです。そうしたら、店員の人が「はい、皿うどん」って全然頼んでいない料理を出してきて。皿うどんは下げてもらったんですけど、作家が「めっちゃうまそうでしたねぇ……」って。そのとき、ふたりで「あれ?」ってなったんです。「これ、わざとやったらどうする?」って。そこから「わざと料理を間違える居酒屋」っていう設定ができて、2〜3時間でネタが完成しました。あれは神様からのプレゼントかと思いましたね。

——起こった出来事に対して、疑問を挟んでみたり、うがった見方をしてみたりすることが、ネタとして広がっていくポイントなんでしょうね。

普段から「はてな」を作っておくといいんやろうな、とは思います。インプットという意味では、ドキュメンタリー番組を観るのも好きで。ドキュメンタリーの中には、ネタの設定が落ちてるんですよ。その道のプロフェッショナルって、変わった人も多いじゃないですか。こっちには理解できへんような、「なんでこんなことすんのやろ?」ってことをする人を見てると、ネタの設定が生まれる。

あと、ドキュメンタリーには、まっすぐな人が出てくることも多いですよね。まっすぐな人間を曲がった人間が見ると、おもしろいものが生まれやすいんですよ。ネタにはなってないんですけど、炊飯器を作るベンチャー企業が、釜でご飯を炊くお米屋さんに依頼して、商品を共同開発するドキュメンタリーがあって。そのお米屋さんが「自分が一番うまくご飯を炊ける」と思ってるような、巨匠というか、仙人みたいな人で、ベンチャー企業の担当者が何回も試作するんですけど、「違う、これはうちの味じゃない」とか言ってるんですよ。

それ観て、「これ、〝うちの味〟を（炊飯器に）超えられたら、どうすんのやろ？」って思ったんです。そんなふうに疑問を持ったり、未来を予測してみたりすると、ネタが生まれやすいよな、っていう感覚があります。

社長業のポイントは「それっぽくしゃべること」

――森田さんはザ・森東の社長でもありますが、実際に事務所を設立してみて、大変だったことはなんでしょうか。

僕は社長とは名ばかりで、経理とかは全部マネージャーがやってくれてます。でも、一応社長をやっていて一番慎重になる行事は、やっぱり決算。僕らは給料制なので、次の1年の給料を決めないといけないんです。どれだけ仕事があるかわからんのに、給料を決めないといけないってムリな話で。どうしても慎重になりますね。

ただ、うちのマネージャーは高みを目指すんですよ。僕からしたら「（給料上げて）大丈夫か？」って思うんですけど、「これでいける。俺が絶対に仕事取ってくるから」って言い続けて、結果的に赤字にならずにやってこれた。だから、今は高みを目指すかたちがいいのかなって思ってます。それに、大赤字を出しても、マネージャーのせいなんで（笑）。

――逆に、自分に向いてると思える業務や、好きな業務などはありますか？

社長業については、ないですね。もともと先々のことを考えたりするのが面倒で、この世界に入ったので。ただ、今みたいに社長としてインタビューされたときに、それっぽくしゃべることは得意です。すいませんね（笑）。偉そうなことは言えませんけど、なんとなく思ってることなら言えるというか。

たとえば、一回取材で、「会社って逆ピラミッドなんじゃないか」っていう話をしたんですよ。僕らの場合、テレビで知ってくれている人、ライブに来てくれる人、グッズを買ってくれる人って、逆ピラミッドみたいに減っていく。だから、底の部分にいてくれる人をいかに多くしていくかが大事なんじゃないかっていう。

そうしたら、取材してくれた人に「それって、実はビジネスとして一番いいかたちなんです」って言われて。僕も「でしょ？」みたいな（笑）。でも、実際に話しながら思ったことではあるんです。より濃いファンを、より多く作る必要がある、みたいなことは考えてたんで。こんなこと言ったら、もう社長としてのインタビューが来なくなりそうですけど（笑）。

——むしろ、「それっぽいこと」を期待されるのではないでしょうか。では、個人事務所としてやっていくなかで、影響を受けたことや、気づいたことなどはありますか？

気づいたのは、相方がスキャンダルを起こしたりしても、「なんとかなる」っていうことですね。もちろん、スキャンダルを起こすべきではないんですけど、今後何があっても「なるようになんねんや」「なんとかできるんちゃうか」って思える。そういう気持ちでやれてるのは、大きいかもしれないです。世間もだんだん「あいつら、（このピンチを）どうやってなんとかするのかな」っていう見方をしてくれつつあって。

——そういったたくましさが、フットワークの軽さなどにもつながっているのでしょうか。

そうですね。個人事務所の強みは小回りが利くところなので、そこで差をつけたいとは思ってます。通すべきセクションもないのですぐに決断できるから、仕事を取れてる感じはあります。それに、うちのフットワークは仕事の種類っていう意味でも軽いので、エロであろうがやれる。その代わりCMの話なんかは来ませんけど、来るかもわからないCMを期待するより、楽しくやれる仕事をどんどんやっていったほうがいいと思うんですよね。

――まだやっていない仕事で興味のあること、事業としてやってみたいことはありますか？

芸能事務所なので、養成所ビジネスは気になってます。養成所って、基本的にネタ見せとダメ出しの繰り返しなんで、自分の経験値でもある程度のことは言えるんじゃないかっていう。それでビジネスになったらいいですよね。うちが今、養成所を開講したとして、何人くらいの人が来てくれるのかにも興味がありますし。

あとは、趣味のモルック（木製の棒で木製のピンを倒す、フィンランド発祥のスポーツ）の店、モルックバーをやりたい。モルックって、男女差なくやれるスポーツなので、実は婚活ツールとしてもめちゃくちゃ秀逸なんですよ。ダーツに代わる存在はモルックだと思ってるので、銀座のコリドー街で広告代理店の人がモルックをやりながら女の人を口説いてる光景が見たいですね。

サボりきれない時間も楽しい

――モルックとはたまたま出会って、趣味のひとつになったそうですね。

テレビのトークでサンドウィッチマンさんに「趣味がないんです」と言ったら、「じゃあ、モルックっていうのがおもしろかったから、それを趣味にしろよ」って富澤（たけし）さんに言われて。それで、おもんなくてもトークのネタにはなるかなと思って協会に連絡してみたら、練習会に誘われたんです。やってみたらおもしろくて、しかも「日本代表になれる」って言われて、そのままトントン拍子に日本代表としてフランスまで行けたっていう。フランスに行ったことでテレビにも呼んでもらえたので、すごい広がり方でした。

――それまでは本当に趣味といえるものはなかったんですか？

全然なかったです。常に仕事に対する不安があって、休みの日でも「ネタ作らんでよかったのかな……？」とか思ってしまうので、何も趣味にできなかった感じで。

――常に仕事のことが頭にあって、趣味に没頭しにくいタイプだと、あまりサボったりもしないのでしょうか。

いや、サボりはサボりなんです。ただ、サボりきれないだけで。久しぶりに何もしなくていい休みの日があったときに、バイク（川崎バイク）さんと男ふたりでディズニーランドに行ったことがあるんですよ。そのときも、ただディズニーを堪能しときゃいいのに、なんの気なしにそれをTwitterに投稿したらバズり出して、その期待に応えるように実況を始めて。「結局俺、休んだんか？」っていう感じになりました。

でも、結果として「こいつ、SNSに強いんだな」と思ってもらえて、仕事につながったりするので、自分の血となり肉となっているというか、サボりきれない性格も捨てたもんじゃないなと思いますけど。それはそれで楽しめてるし、向いてるんでしょうね。

——この企画では「サボり」を息抜き、切り替えとしても捉えているのですが、森田さんはずっとネタを考えているときなどに、どうやって切り替えていますか？

一回、エッチなことを考えます。なんならエロい動画を観たり。これは全芸人がそうだと思います。逃げではあるんでしょうけど、逃げと息抜きって、たぶん一緒だから。一回逃げて戻ってきたら、違う風景が見えてくる可能性もあるし。

エッチなことに逃げるのは、僕らが俗物だからでしょうね。でも、ビル・ゲイツとかスティーブ・ジョブズも煮詰まったら同じだと思いますよ。それこそ、「iPhoneでもっとエロを見やすくするには……？」ってところから、アイデアが浮かんだりしてるんじゃないですか（笑）。

——カッコよく言えば、自分を焚きつけて、奮い立たせているとか。

モテたいと思ってこの世界に入ってきたので、着火剤にはなってるのかもしれません。でも、腹が減ってメシを食うのと一緒で、欲をちょっと満たしてるだけなんじゃないですかね。

——純粋に落ち着く時間、無になれるのはどんなときでしょうか。

古着が好きなので、お店やネットで古着を見てる時間は、何も考えずに楽しめてると思います。この歳になってちょっと余裕が出てきて、欲しいものも買えるようになって。でも、全然意味がないんですよ、古着が好きでもモテへんし。ただ、自分がモテを捨ててでも唯一着たいと思えるものが、古着なんですよね。

なんなんですかね。男臭いもんが好きだからなのか。あと、「この服は、現時点でこの一着しか地球上にないかもしれん」「自分にとってのゴールデンサイズでこの服に出会えるのは、これっきりかも」とか思うと、がぜん欲しくなるんですよ。そんなところもなんかおもしろいなと思います。

（2023年1月取材）

森田哲矢にとってのサボりとは……

サボりきれない
自分を受け入れ、
その時間を楽しむこと

サボれなくてもそれはそれで気にしない

テレビ朝日logirl
「サボリスト〜あの人のサボり方〜」

プロデューサー
鈴木さちひろ（テレビ朝日）

スタッフ
林 洋介

「よく働き、よくサボる。
一流のサボリストの仕事術」

編集
後藤亮平（BLOCKBUSTER）
小澤素子（扶桑社）

編集協力
中野 潤（BLOCKBUSTER）

デザイン
小川順子（NO DESIGN）

写真
石垣星児
難波雄史

執筆・イラスト
後藤亮平（BLOCKBUSTER）

校正・校閲
くすのき舎

よく働き、よくサボる。

一流のサボリストの仕事術

発行日　2023年3月7日　初版第1刷発行

テレビ朝日logirl 編

発行者　小池英彦

発行所　株式会社 扶桑社
〒105-8070
東京都港区芝浦1-1-1
浜松町ビルディング
電話　03-6368-8870（編集）
03-6368-8891（郵便室）
www.fusosha.co.jp

印刷・製本　中央精版印刷株式会社

ISBN 978-4-594-09405-8

本書はテレビ朝日のWEBサイト「logirl」において連載されたものに加筆修正し、
書籍オリジナルのコンテンツを追加したものです。